教育部人文社科一般项目资助（编号：14YJC890030）

全球化语境下奥林匹克文化个性化发展

闫丽敏　著

北京体育大学出版社

策划编辑：钱春华
责任编辑：陈建峰
责任校对：李志诚
版式设计：久书鑫

图书在版编目（CIP）数据

全球化语境下奥林匹克文化个性化发展 / 闫丽敏著
. -- 北京 : 北京体育大学出版社, 2019.12
ISBN 978-7-5644-3261-4

Ⅰ. ①全… Ⅱ. ①闫… Ⅲ. ①奥运会－文化研究
Ⅳ. ①G811.21

中国版本图书馆 CIP 数据核字(2019)第 266534 号

全球化语境下奥林匹克文化个性化发展 闫丽敏 著
QUANQIUHUA YUJINGXIA AOLINPIKE WENHUA GEXINGHUA FAZHAN

出版发行：北京体育大学出版社
地　　址：北京市海淀区农大南路 1 号院 2 号楼 4 层办公 B－421
邮　　编：100084
网　　址：http://cbs.bsu.edu.cn
发 行 部：010－62989320
邮 购 部：北京体育大学出版社读者服务部 010－62989432
印　　刷：北京建宏印刷有限公司
开　　本：787mm × 1092mm　　1/16
成品尺寸：170mm × 240mm
印　　张：9.75
字　　数：150 千字
版　　次：2019 年 12 月第 1 版
印　　次：2019 年 12 月第 1 次印刷
定　　价：60.00 元

自　序

结缘奥林匹克运动，还要追溯到2004年，那时我在广州华南师范大学读研究生，师从华南师范大学体育科学学院黄宽柔教授。

黄宽柔教授是我国团体操专家、博士生导师，创立了我国广场体育艺术研究方向的博士研究生培养点。由于广场体育艺术研究与奥运会开幕式有着千丝万缕的联系，因此在研究生的培养方案中，黄宽柔教授特别增设了奥林匹克运动、逻辑学、美术设计、音乐欣赏等相关理论课程，为学生全方位及更深层次进行广场体育艺术的研究做好铺垫。此外，黄宽柔教授还在专业课的教学中，为学生提供了国内外各种大型运动会开幕式的视频资料，以奥运会开幕式最多且最完整。通过对大量视频资料的观摩、梳理、归纳、分析，我对奥林匹克运动、奥运会及奥林匹克文化有了进一步的了解与认识，对奥林匹克方面的研究产生了浓厚的兴趣。

在研究生学习期间我还有幸结识了华南师范大学许多知名教授，如杨文轩教授、卢元镇教授、周爱光教授、陈琦教授、谭华教授等，聆听他们的讲座，选修他们的课程，还参加了他们的学术沙龙，从中受益匪浅，收获颇多，在体育基础理论、体育社会学、体育史学、学校体育学、体育法学等理论方面得到很大提升，为今后的专业研究打下了坚实的理论基础，也为对奥林匹克运动的深层次探索，做好了理论储备。尤其让我记忆深刻的是卢元镇教授的体育社会学和谭华教授的奥林匹克运动这两门课程。卢元镇教授当时虽然年近七旬，但是在课堂上声音依然铿锵有力，对授课内容的讲解深入浅出，通过体育社会学的视角，使学生对奥林匹克运动在世界的发展、奥林匹克文化所面临的困境及我国为申办奥运会所付诸的努力有了更深刻与全面的了解。谭华教授则从体育史学的角度，对奥林匹克运动的起始、发展与变迁进行系统的阐述，从历史学和文化学的视角，使学生对奥林匹克运动的发展与未来有了更多的憧憬与期待。

在硕士论文《大型奥运会开幕式的创意设计研究》的写作阶段，我在导师黄宽柔教授的推荐下对国内相关团体操和体操专家进行了访谈。北京体育大学的毛学信教授、刘西玉教授，武汉体育学院的郑丽冰教授，湖南师范大学的周建设教授，成都体育学院的柯为国教授，华南师范大学的李佐惠教授，西安体育学院的陈西玲教授，广州体育学院的许铭教授等，在访谈期间就我所写文章的相关内容进行了探讨、沟通与交流。我深深地被各位团体操专家不同的奥林匹克情结所打动。这些知名专家教授有的是我国老一辈的团体操开拓者，有的是我国早期的团体操援外专家，有的是我国前几届全运会开幕式的主创者，他们都和奥运会及奥林匹克运动有着不解之缘。这也更坚定了我对奥林匹克运动研究的初心。

一旦结缘，一生钟爱，执着初心，坚持耕耘。2007 年硕士毕业之后，我牢记初心，始终坚持进行奥林匹克运动的研究，收集、翻阅了大量的相关书籍与文章，也发表了数篇奥林匹克运动相关内容的文章，并多次参加全国体育科学大会和学校体育科学大会，为 2014 年申报教育部人文社科项目“全球化语境下奥林匹克文化个性化发展研究”奠定了一定基础。该项目的申报过程也得到了河南师范大学体育学院院长刘献国教授多次鼓励、指导，经过数次修改，完善了申报书，最后成功立项。

本次教育部人文社科课题的申报是在 2012 年第 30 届伦敦奥运会之后，研究期间又经历了 2016 年第 31 届里约奥运会，两届奥运会的成功举办，又恰逢我国 2022 年冬奥会的成功申办，把学者们对奥林匹克运动的关注与深层次研究推向了高潮。借此契机，我收集、梳理、总结、归纳了大量的有关奥林匹克运动的文献资料与音像视频，并参考、借阅、购买了大量国内外哲学、文化学、经济学、体育学、设计学等三十余本相关专著，采用案例法与比较分析的方法，深入研究北京、伦敦、里约近三届奥运会迥然不同的奥林匹克文化个性化的表达方式，为本课题的理论研究与案例分析做好了理论支撑与知识储备。

研究进入后期阶段，恰逢2018年河南师范大学体育学院承办“中国博士高层论坛”之机，我向卢元镇教授、任海教授、董翠香教授、王苏杭教授、吉灿忠教授等知名的专家请教了有关课题研究的疑难问题，专家的坦诚直言、建议指导为课题最后的顺利结项、研究任务的圆满完成，指明方向、保驾护航。在撰写研究报告期间，我有四篇相关论文发表，其中《全球化语境下中国传统体育文化与奥林匹克文化的理论释疑》和《全球化视角下中国传统体育文化与奥林匹克文化的理论评述》发表在有关体育类期刊，《新时代北京冬奥会对中国学校体育的促进研究》入选2018年中国第九届学校体育科学大会“专题报告”，《北京冬奥会背景下学校体育对“冰雪之约”的践行与思考》入选2019年第十一届全国体育科学大会“专题报告”。作为课题研究的最终成果，《全球化语境下奥林匹克文化个性化发展》一书，也由北京体育大学出版社出版。

本书撰写历经数年，倾注了本人对奥林匹克运动的热爱与深情。本书主要以奥林匹克文化为研究对象，将文化多元论和矛盾的普遍性与特殊性哲学原理作为研究的理论基础；尝试通过矛盾的普遍性与特殊性以及共性与个性的辩证方法，去辨析与定位经济全球化背景下的奥林匹克文化的个性化；通过剖析奥林匹克运动全球化与文化单一化的冲突、奥林匹克文化危机及异化现象等奥林匹克文化发展中所遭遇的“瓶颈”，来论证奥林匹克文化个性化发展的必要性；并借助于不同奥运举办国民族特色奥运文化个性化表达的“案例分析”，探讨奥林匹克文化个性化发展对世界体育文化传承与发展的价值，提出经济全球化背景下奥林匹克文化个性化发展的合理化举措，以期为世界体育文化多元化发展提供积极性与建设性的意见与建议。

在拙作出版之际，首先感谢导师黄宽柔教授。黄宽柔教授认真严谨、兢兢业业的治学态度一直激励着我在硕士阶段及以后对待本职工作及专业研究不断努力。“毕业之后，一定要考博”的话语始终萦绕耳边，激励着我不忘初心，砥砺前行。同时也要感谢上述专家、教授及有关老师在课题研究与本书撰写中给予学术方面的引领、帮助、指导与建议。感谢河南师范大学体育学院刘献国院长、岳贤锋院长、关朝阳教授等许多领导老师给予大力的帮助与支持。感谢课题组成员：黄宽柔、杨呈杰、李玫红、程彭阳子、史晓慧、张颖、李小莉、骆峰以及邵慧芳等老师，始终秉承认真严谨、踏实努力、一丝不苟、精益求精的科研态度，为本课题的顺利完成辛苦的付出与努力。最后要感谢我的家人对我的理解支持、艰辛付出，你们一直是我工作与学习中最坚强的后盾。

生命里的岁月静好，一直都有关爱着我的人与我一起负重前行。满怀感恩，真心致谢。

与奥林匹克运动结下不解之缘，以及钟爱一生的奥林匹克情结，是我走向奥林匹克运动研究之路的起点。这条路漫长而又深远，怎样走、如何更好地走下去，我还处于摸索与探讨阶段。这条路对于我们奥林匹克运动研究的学者来说任重而道远，值得欣喜的是我们已经站在了起跑线上。路漫漫其修远兮，吾将上下而求索。我们已经朝着终点迈出蹒跚但坚定的步伐，瞄准目标，勇往直前，不问西东，未来可期。

以此为序。

闫丽敏

2019 年 9 月

前　言

随着经济全球化发展，文化的多元化业已成为其重要内容之一。“求木之长者，必固其根本；欲流之远者，必浚其泉源。”要稳固文化这个根，实现经济的健康可持续发展，就必须推动国家的经济、政治、文化、社会的全面发展。从 2007 年到 2017 年十年间，文化从“繁荣”到“强国”再到“自信”，文化在国民经济中的地位日益凸显。先进文化的发展始终伴随着不断的改革，奥林匹克文化是以西方文化为主导，以体育运动为载体，具有完整思想体系和丰富内涵的社会文化的一个组成部分，它是体育运动和文化教育相融合的产物，是奥林匹克运动的灵魂和支柱，它以其公平竞争、友谊和平的价值取向越来越受到众多国家和民族的支持，成为当今世界体育文化的主体。众所周知，奥林匹克运动能取得如此卓越的成就，很重要的一点应归功于具有先进性的奥林匹克文化。

然而，奥林匹克文化是依赖于经济、科技的物理属性的强势文化，在历经了一个多世纪发展成为世界先进体育文化的同时，也暴露了许多自身的弱点，并遭遇了前所未有的障碍。对西方体育文化的单一认同使奥林匹克文化日趋西方化，致使文化多元化与文化单一化的矛盾针锋相对；现代奥运会的“政治干预”“过度商业化操作”“人文危机”“超大规模”等异化现象也愈演愈烈，侵蚀着奥运会的肌体，并且越来越严重地阻碍着奥林匹克运动的健康发展；伴随着奥林匹克运动发展所引起的世界体育文化趋于“同质化”及体育文化霸权主义的推行等奥林匹克文化危机同样成为奥林匹克文化良性发展的掣肘。因此，此时奥林匹克文化的个性化发展的提出显得尤为重要。我们正处在经济全球化的大背景之下，文化多元化进程并不必然以牺牲文化的个性化发展为代价，或者说，文化的个性化发展正是文化多元化的基础与前提，唯有文化的个性化发展，经济全球化的历史进程才是真实的、富有成果的，才是一种文明的跃升。因此，个性化的奥林匹克文化是以奥林匹克文化多元发展为前提的，它是奥林匹克文化与各国民族体育文化的交汇、碰撞、冲突、互融、统一，是奥林匹克文化个性化发展的成果，也是具有民族特色、民族气派与民族风格的奥林匹克文化，它能够在一定程度上缓解奥林匹克文化危机，弱化奥林匹克运动的异化现象，促进全球文化的多元化发展。因此，研究经济全球化语境下奥林匹克文化的个性化发展，是具有一定时代价值和现实意义的。

本书主要以奥林匹克文化为研究对象，重点运用文献资料法、访谈法、案例分析法等研究方法，以文化多元论和矛盾的普遍性与特殊性哲学原理为理论基础，以文化多元论为切入点对“奥林匹克文化的个性化”进行哲学思辨与定位，重点剖析奥林匹克文化多元化与文化单一化的冲突、奥林匹克文化危机及异化现象等奥林匹克文化发展中所遭遇的“瓶颈”，合理论证奥林匹克文化个性化发展的必要性，并借助于不同奥运举办国民族特色奥运文化的“案例分析”，探讨奥林匹克文化个性化发展对世界体育文化传承与发展的价值，提出经济全球化背景下奥林匹克文化个性化发展的合理化举措，以期为世界体育文化多元化发展提供积极性与建设性的意见与建议。

本书通过科学与系统化的归纳总结、分析梳理、比较演绎、逻辑推理，从 5 个方面对奥林匹克文化的个性化发展进行了深入的探讨与研究。

（1）针对奥林匹克文化个性化的哲学思辨。基于马克思主义哲学原理——矛盾的普遍性与特殊性，深入剖析文化价值的双重属性：共性与个性；探讨文化多元化与个性化的深层次联系；更好地了解、认识、掌握奥林匹克文化多元化与个性化的辩证关系；从而把马克思主义的普遍真理同奥林匹克运动发展的具体实际相结合，探讨奥林匹克文化个性化的定位及哲学思辨。

（2）重点剖析奥林匹克文化发展所遭遇的“瓶颈”。本书深入分析奥林匹克运动的异化现象、奥林匹克的文化危机、奥林匹克文化发展的障碍等一系列奥林匹克文化发展所面临的困难和窘境。这些不利因素如果得不到合理有效的遏制，将使奥林匹克运动的生存与发展岌岌可危，并走向恶性循环的地步，成为奥林匹克运动可持续发展与走向世界先进体育文化行列的绊脚石。

（3）合理论证个性化发展是奥林匹克文化发展的必然要求。奥林匹克文化个性化发展对奥林匹克运动有着举足轻重的重要意义，有利于奥林匹克文化的多样化，有利于创新和丰富奥林匹克文化，有利于奥林匹克文化的可持续发展。奥林匹克文化个性化发展体现文化平等，夯实奥林匹克运动赖以生存的根基。奥林匹克文化个性化发展强调“和而不同”，实现奥林匹克运动的目标和追求。奥林匹克文化个性化发展凸显个性化，助力奥林匹克文化成为世界先进体育文化。

（4）比较分析奥林匹克文化个性化的经典“案例”。通过对第 29 届北京奥运会、第 30 届伦敦奥运会、第 31 届里约奥运会等 3 届奥运会举办国奥运理念、口号、会徽、吉祥物、火炬、奖牌及开幕式表演等相关奥运文化标识的归纳、比较、梳理与分析，凸显奥林匹克文化个性化发展的优势。无论是中华民族文化的民族个性的张扬、英伦文化的平易近人，还是以大众文化、平民意识取胜的巴西样板，都离不开民族文化个性的培育以及民族体育文化先进性的建设。提升文化实力，强化民族个性促进文化多元化与奥林匹克文化个性化的良性发展。

（5）提出奥林匹克文化个性化发展的有效途径。打破陈旧观念，消除奥林匹克文化的“壁垒”；建立多元、平等、和而不同的奥林匹克文化发展理念；加强奥林匹克文化与其他文化的交流与互融；提升文化实力，加强民族个性及先进性建设。

正如亨廷顿先生在《再论文明的冲突》一书中所指出的，随着现代化的推进，回归自己固有的文化已经成为一种趋势，现代化可以加固现存的传统文化，使文化间的差异永远共存。诚然，在经济全球化背景下，非西方文化与奥林匹克文化需要走出彼此所面临的困境，奥林匹克文化的个性化发展为此提供契机，指明方向。

首先，非西方民族体育文化与奥林匹克文化需要双向互动，可以是二者的双向审视、双向批判、双向参与。互动是一个动态的、没有终点的、生生不息且不断创造的过程，对于非西方民族体育文化而言，我们只有适应时代需要，与奥林匹克运动的发展保持适度的张力和统一，才能不断走向未来，才能在后奥运时代实现各国民族体育文化与奥林匹克运动的可持续发展。

其次，作为东方文明古国与东方文化的代表，中华民族体育文化应当甚至已经在奥林匹克文化的个性化发展中充当表率。马克思主义中国化，即在马克思主义指导下走社会主义道路实现中华民族从传统到现代的转化，这是中华民族的英明选择，是中华民族文化的民族自觉和时代自觉的表现。中国特色社会主义现代化的文化建设，离不开马克思主义主导的中国特色社会主义文化，应激发时代意识，培养历史自觉和时代自觉；以民族性自觉为基础，培育民族性，解放民族性，使中华民族精神更具开放性和前瞻性。

最后，经济全球化背景下奥林匹克文化的个性化发展应凸显三个方面的价值取向。一是，培养各民族体育文化的宽容性和互补性意识。取其精华与兼容并蓄的文化发展方式是当今世界先进体育文化发展的重要方式。二是，培育自主创新和与时俱进的辩证精神和开放精神。辩证法的革命精神是当今与未来共产主义运动的内在品质和发展动力。三是，培育各民族体育文化的和谐意识与共享意识。和谐性与共享性是人类文化发展所必须的和所追求的理想文化精神，也是共产主义运动的价值品质。

因此，经济全球化背景下奥林匹克文化的个性化发展应秉承君子精神、君子方式、君子风格，应采取尚和去同、兼爱非攻、互惠共享的模式，应饱含竞争意识、互补意识、合作意识，摒弃霸权主义、敌对意识、“同化”意识、“教”化意识；应享有自知之明、民族自觉、时代自觉的精神，在迈向世界先进体育文化的道路上坚持不懈、砥砺前行。

目 录

1 绪 论

1.1 选题依据

随着经济全球化发展，文化的多元化已成为其重要内容之一。要稳固文化之根，实现经济的健康可持续发展，就必须推动国家的经济、政治、文化、社会的全面发展。党的十七大提出 “推动社会主义文化大发展大繁荣”，党的十八大明确“建设社会主义文化强国”，党的十九大强调要“坚定文化自信”，文化在国民经济与社会发展中的重要性日益提升。从“四位一体”到“五位一体”布局更新，“文化建设是灵魂”已然成为社会主义事业总体布局的重要组成部分。

2011 年 10 月 18 日党的十七届六中全会审议通过的《中共中央关于深化文化体制改革 推动社会主义文化大发展大繁荣若干重大问题的决定》指出：“文化是民族的血脉，是人民的精神家园”；“文化越来越成为民族凝聚力和创造力的重要源泉、越来越成为综合国力竞争的重要因素”；“推动中华文化走向世界。开展多渠道多形式多层次对外文化交流，广泛参与世界文明对话，促进文化相互借鉴，增强中华文化在世界上的感召力和影响力，共同维护文化多样性”。2013 年 11 月 12 日党的十八届三中全会审议通过了《中共中央关于全面深化改革若干重大问题的决定》，强调深化文化体制改革，一方面要让我国文化走出去，以创新性、民族性为特点，打造文化精品，形成文化品牌，迈向国际大舞台，另一方面要加强国内文化体系建设。党的十九大报告更是明确了新时代文化建设的基本方略：提出了新时代文化建设的目标是坚持中国特色社会主义文化发展道路，激发全民族文化创新创造活力，建设社会主义文化强国；指出了新时代文化建设的着力点，即当今和未来相当长一段时间，建设中国特色社会主义文化，就是秉承中国的文化价值理念，坚持中国的文化立场，立足于当代中国的文化发展现状，思考和解决当代中国人关心的文化问题，提出中国的文化方案。同时“坚定文化自信”也是党的十九大报告中文化建设部分的关键词，报告提到“没有高度的文化自信，没有文化的繁荣兴盛，就没有中华民族伟大复兴”。实现中华民族的伟大复兴，就要深刻理解深埋于中华民族最深层、最根本的文化基因。十年间，随着我国文化软实力和竞争力的加强，中华文化在世界上的话语权和影响力也不断提升。在庆祝中国共产党成立 95 周年大会的讲话中，习近平总书记把文化自信与道路自信、理论自信和制度自信并提，文化自信之于国家发展，其作用不言而喻。随着文化“走出去”的步伐加快，我国的文化自信也进一步得以彰显。

先进文化的发展始终伴随着不断的改革，就奥林匹克文化而言，现代奥林匹克运动历经百余年的发展，得到了世界各国的普遍参与和支持，奥林匹克运动是一个有着“努力建设和平而又美好世界”的崇高理想的国际盛会，其能够得到世人的支持与尊重，不仅与它“维护和平”这一愿景有关，而且还与它具有丰富的、先进的、多元的奥林匹克文化息息相关。奥林匹克运动之所以能取得如此卓越的成就，很重要的一点原因是其具有先进的奥林匹克文化。正如为中国体育事业做出巨大贡献的何振梁先生所说：“从一百多年奥林匹克运动的历史看，它之所以成功，原因之一是它对多元文化的兼容和尊重。这个明智的政策不仅确定了奥林匹克运动的多文化性，也使它更具吸引力和凝聚力。可以毫不夸大地说，多文化性正是奥林匹克运动的财富和力量所在。”[①]简而言之，文化的多元性是奥林匹克文化不断进步的动力。

奥林匹克文化是以西方文化为主导，以体育运动为载体，具有完

① 何振梁. 奥林匹克的普遍价值与多文化世界［J］. 体育文化导刊，2002（2）：4-5.

整思想体系和丰富内涵的社会文化的一个组成部分，它是体育运动和文化教育相融合的产物，是奥林匹克运动的灵魂和支柱。奥林匹克文化也以其公平竞争、友谊和平的价值取向受到众多国家和民族的支持，成为当今世界体育文化的主体。但是奥林匹克文化是依赖于经济、科技的物理属性的强势文化，在一定程度上拒绝其他文化的广泛参与，具有渗透单向化的特点，这种文化的单一性扼杀了其他民族体育文化的多样性和多元化，致使奥林匹克运动异化现象频繁出现，奥林匹克文化危机日益严重。随着经济全球化进程的加快，各民族和地区之间的文化交流也伴随着奥林匹克运动的全球发展而日益频繁和深入，但是由于奥林匹克比赛项目、举办城市、国际奥林匹克委员会（以下简称“国际奥委会”）成员等都带有浓厚的西方色彩，因此许多非西方的传统文化被奥林匹克文化拒之门外。鉴于文化间的冲突是影响国家关系的重要因素，在这种情况下，我们应当从价值的视角去审视危机的存在，因此奥林匹克文化的发展便有了全新的意义。奥林匹克运动作为国际跨文化交流的桥梁，理所当然要顺应世界文化多元化的发展趋势，构建一个多元而和谐的世界文化体系是唯一值得期待的文化发展目标。

我们正处在经济全球化的大背景之下，文化“走出去”并不必然以牺牲文化的个性化发展为代价，换句话说，文化的个性化发展正是文化“走出去”的基础与前提。只有基于文化的个性化发展，文化“走出去”的历史进程才是真实的、富有成果的，才是一种文明的跃升。因此，奥林匹克文化个性化发展是一个包含碰撞、冲突和融合的过程，其将奥林匹克文化的思想体系与各奥运会承办国的民族体育文化相结合，寻找、提炼并容纳各国各具特色的民族文化，进而发展为个性化的奥林匹克文化。个性化的奥林匹克文化是以奥林匹克文化多元发展为前提的，它是奥林匹克文化与各国民族体育文化的交汇、碰撞、冲突、互融、统一，是奥林匹克文化个性化发展的成果，也是具有民族特色、民族气派与民族风格的奥林匹克文化，它能够在一定程度上缓解奥林匹克文化危机，弱化奥林匹克运动的异化现象，促进全球文化的多元化发展。因此，研究全球化语境下奥林匹克文化的个性化发展，是具有一定价值和现实意义的。

1.2 研究意义

1.2.1 为奥林匹克文化发展的理论研究提供参考

虽然有关奥林匹克运动的研究很多，但是与奥林匹克文化发展的有关研究并不多，值此进入经济全球化阶段，奥林匹克文化发展的问题才得到学者更多的关注。本书以矛盾的普遍性与特殊性哲学原理为理论基础，诉诸文化整体论和文化多元论对“奥林匹克文化的个性化”进行定位及哲学思辨；科学梳理奥林匹克文化多元化与单一化的冲突、奥林匹克文化危机及异化现象等奥林匹克文化发展中所面临的困境与挑战；论证奥林匹克文化个性化发展的必要性；指出奥林匹克文化个性化的发展举措；并借助于不同奥运举办国极具民族特色的奥运文化的“案例分析”，来力证奥林匹克文化个性化发展对世界体育文化传承与发展的价值，及其对世界体育文化多元化发展积极性的建设意义。本书旨在为奥林匹克文化发展的理论研究贡献微薄之力。

1.2.2 为奥林匹克运动项目的设置依据提供借鉴

奥林匹克文化多元化与个性化的发展是奥林匹克运动走向良性循环与可持续发展的根本与关键所在，这就需要奥林匹克文化拒绝西方体育文化的单一化、摒弃文化霸权主义与强势文化的侵袭，兼容与尊重丰富的、先进的、多元的非西方体育文化与奥林匹克文化的互融，从文化和意识视角影响或干预国际奥委会组织者、领导者的评判与审视，为非奥运比赛项目的入奥与奥林匹克运动项目的设置提供参考。目前奥运会比赛项目上的变化和发展，反映的是主办国的兴趣、国际奥委会对于各项目商业价值的考虑和国际单项体育联合会的游说能力[①]。这种比赛项目设置的依据非常模糊，科学性较差，主观随意性太强，因此仅仅依靠这些规定，我们远远不能断定武术和沙滩排球哪一个更应该进入奥运会，因为两者都达到了规定的开展范围的要求。要找到一个让所有人信服的、明确的项目设置依据确实很难，但是本书力图从文化多元论与全球发展的视角出发，考虑奥林匹克文化个性化发展，以期给评判者提供一个思考和判断的合理视角。

1.2.3 强调奥林匹克文化多元化与个性化发展的重要性

经济全球化已是不可阻挡的历史潮流，经济活动在全球范围内展开的同时，必然也伴随着文化的交流和融合。信息和通信技术的发展改变了文化的交流和传播方式，使文化跨越国界的交流与传播成为可能。但由于经济全球化的影响，文化多元化发展过程中存在着从经济和文化强势国家向弱势国家流动的趋势，文化的交流也变异成文化的渗透和入侵。欧美因为经济的强势而在文化交流中也处于优势的地位，"文化霸权""文化殖民"等字眼也可以成为描述经济全球化时代文化交流的语言，我们不能不对"和平演变"保持警惕的态度。同时，我们也看到有相当一部分人对欧美的事物极度向往，什么事情都唯欧美马首是瞻，其结果可能导致自己文化个性的丧失，永远变成别人的跟随者与崇拜者，这些问题在奥林匹克文化中都有深刻的反映。非西方国家必须清醒地认识到奥林匹克文化中西方文化为主导的性质对自身民族体育发展的影响，尽最大努力加快奥林匹克文化多元化进程。可以毫不夸大地说，文化多元化正是奥林匹克运动的财富和力量所在。任海先生认为，强调奥林匹克运动的文化多样性的意义不仅仅在于为奥林匹克运动增加观赏价值和吸引力，更在于"它关系到奥林匹克运动的基本原则，关系到这一运动生存的最基本的依据"。以国际奥委会为主导的奥林匹克运动领导机构也必须认识到经济全球化时代奥林匹

① 任海. 奥林匹克运动的全球化与文化的多样性［J］. 体育文化导刊，2002（1）：82-84.

克文化的单一化、西方化将危害自身的生存和发展，必须彻底清除“西方中心论”的思想遗存，改革各种不利于非西方国家民族体育发展的规定，领导奥林匹克运动走上文化多元与个性化发展的可持续之路。

1.2.4 为广大发展中国家加速文化现代化进程提供支持

奥林匹克赛场上各个国家对奖牌的激烈争夺是“明刀明枪”的实力之战，但是人们往往忽略了奥林匹克也是一场“暗度陈仓”的文化竞争。奥林匹克文化不是文化的单一化，更不是欧洲化或西方化，而是多元文化的融合。这是由奥林匹克运动的国际性和普遍性所决定的。从文化多元论视角来分析奥林匹克文化个性化发展问题，可以更清楚地看到非西方国家民族传统体育的价值和意义，以及在参与奥林匹克文化竞争的过程中，弘扬民族体育文化的个性，加快民族体育先进性建设的可能性和必要性。

1.3 文献综述

1.3.1 国外研究

1.3.1.1 顾拜旦：奥林匹克文化

人们用“奥林匹克之父”来称呼顾拜旦，足见顾拜旦在奥林匹克运动中起到的重要推动作用。他继承了古代人类的生存信仰，继承了古代人类对人的“美和尊严”的尊重，他试图收集“分散于各民族的道德力量”，将古老运动和教育活动模式与时代精神相结合，创立了现代奥林匹克运动[①]。顾拜旦是人们公认的现代奥林匹克运动的创始人，然而其富有的贵族家庭背景、对奥林匹克精神理想化的诠释，以及借

① 季传武. 顾拜旦奥林匹克思想研究［D］. 北京：北京体育大学，2005：24-29.

助体育对大众进行“教育”的视角，都使得奥林匹克文化在形成初期带有鲜明的精英主义色彩。另外，顾拜旦对于初期的奥林匹克文化的理解，是明显带有欧洲中心主义倾向的，他在《1896年的奥运会》一文中写道：“希腊民族天性不同于无所事事的东方人。事实证明，只要有机会，竞技的习惯就会十分容易地再度在他们中扎下根。”①顾拜旦很早就预言并认定东方人与奥林匹克运动格格不入。

著名奥林匹克文化研究专家、曾经撰写过顾拜旦传记的美国芝加哥大学人类学教授约翰·麦克伦也认为，在19世纪80年代，顾拜旦关于文化的概念是属于普遍的人文主义者的，他的殖民主义视角是主流而且是堂而皇之的，而且对他来说世界的视角并不比欧美的视角大多少。直到1923年，顾拜旦对于奥林匹克文化在认识上有了一次重要的转变。在了解到黑人民族艺术形式的多样之后，顾拜旦已经很透彻地把人们普遍认为的文化就是一种“教化”的观点解析成多种不同的要点和模式。即文化不仅仅指的是高雅的艺术，它还包括民间艺术、民间手工艺和音乐。文化既包括语言和诗歌，又包括社会逻辑构成、对生活的不同理解、不同的信仰体系等。可以说顾拜旦认识上的这次转变使得文化的视角转向了非西方世界。

尽管顾拜旦对于奥林匹克文化的理解有了从精英到平民的转向，但麦克伦认为顾拜旦所做观察的视角依然是精英取向的，并指出顾拜旦判断的标准很明显保持了那些20世纪资产阶级现代主义思想（表现主义、创新性、科学技术发明、信仰秘密等）。

1.3.1.2 哥特芒：现代奥林匹克与奥林匹克文化

早期的奥林匹克文化持一种与欧洲最初普遍人道主义相联系的经典观念，即文化作为一种“教养（涵化）”。文化是一种仅被某些人类、群体和人类创造物所拥有的品质，而其他人类、群体和人类创造物并不具有。这些与等级沙文主义、种族主义、殖民帝国主义相联系

① 顾拜旦. 1896的奥运会［M］. 北京：北京体育大学出版社，1994：59-89.

的文化观念现在很少出现了，相反以一种更温和的、表面可以容忍的形式，作为“涵化”的文化概念，特别是作为“教育体验”潜藏在文化之中。

对于现代奥林匹克和奥林匹克文化问题，美国学者哥特芒有自己的见解。他在《竞赛与帝国——现代体育与文化帝国主义》一书中纵观现代体育的世界传播过程，力图针对现代体育的世界化是否为文化帝国主义的例证的问题作出回答。他指出，准确地保留为西方文化所驱逐的形形色色的非西方文化中的传统体育将是对人类社会多样性的持续贡献，西方学者认为现代体育是从社会构造落后的原始文化形态的基础上创造出来的，与传统体育相比，如果非西方更喜欢现代体育，那么民族中心主义式的傲慢就是一个错误，与其说相对古老的体育形态被新型的体育所取代，是“文化虐杀”，还不如认为它是文化意识形态上的隐语。如果体育是表现“共同体”的机会，那么，与部落体育一样，现代体育不也是表现了一种人类共同体吗?

从哥特芒的观点我们不难看出他对现代体育实际上采取了褒而非贬的态度，并显然在某种程度上回避了深藏在现代体育中的文化沙文主义和文化帝国主义这一敏感问题，而只是以现代体育是从社会构造落后的原始文化形态的基础上创造出来的这一说法来进行搪塞。哥特芒期盼“共同体”形式的统一，而哥特芒所谓的“共同体”其实就是在奥林匹克文化取代异民族体育文化或者异民族体育文化接受奥林匹克文化之后的一种统一，而非奥林匹克文化与异民族体育文化的统一。这一问题在发达国家与发展中国家的“南北问题”上表现得尤为突出[①]。发展中国家的民族体育文化对奥林匹克文化的共同感受是文化帝国对他们进行的渗透。奥林匹克文化是借助一些看似极其正当的要求和正常的标准对全球体育文化实施控制[②]。

① 仇军，李捷. 现代奥林匹克与奥林匹克文化思潮［J］. 体育科学，1997（6）：27-29.
② 陈青. 奥林匹克文化帝国［J］. 体育文化导刊，2004（5）：30-31.

1.3.1.3 麦克伦：多文化的奥林匹克文化观

麦克伦在 *On the Cultures of 'Culture' Definition and Overview* 一文中指出，国际奥委会中存在一些对于文化的误解，并提出了他对于奥林匹克文化的看法。

麦克伦认为，现代奥林匹克文化的发展已经从最初的欧洲走向非洲以及远东，表现出了地区多元化的特征，随着奥林匹克运动的全球化发展，越来越多的国家和地区参与到奥林匹克运动中来，现在的奥林匹克文化已经不是早期的以欧洲文化为中心的单级文化，而是越来越表现出来的地域多级文化。艺术是任何一项文化活动中必不可少的部分，也是奥林匹克文化的重要组成部分。麦克伦认为，奥林匹克文化中所包含的艺术形式如今更加丰富多样了。他指出，文化不仅仅包含高雅艺术，同样包含民间艺术，如民间手工艺、音乐、语言、诗歌。由于大众文化的兴起，奥林匹克文化从精英走向平民，成为全球最大的平民化运动，表现出参与形式的多样化，麦克伦将世界各民族的特有文化纳入奥林匹克文化中，认为它们是奥林匹克文化的组成部分。

实际上麦克伦对于文化的理解与吉尔茨一样，认为文化是可以解释的意义符号。在麦克伦看来，文化就是一个制造意义的过程，而我们生活中的婚姻规则、象征符号、经济合约、艺术，都可以被视为文化的形式。而这种意义制造的过程，就存在于我们日常生活行为之中。文化涉及语言、血缘关系、社会组织、生活方式和信仰体系。上述方面也是文化人类学所探讨的经典话题。

在提出上述观点之后，麦克伦向国际奥委会给出了自己的建议。他认为，国际奥委会的文化部门应该抛弃他们所谓的“普遍真理”（即强制推行某种观念），并且将自己的角色定位成一个文化的发掘者和传播者。他指出，在这里，所有不同的奥运文化聚集到一起来，并努力连接在一起，用他们自己的方式和术语理解文化多样性及奥林匹克意义的象征性。

其实也就是达到一个多文化共存，互相融合，和谐共生的局面。

麦克伦并没有对奥林匹克文化下一个明确的定义，而是从 3 个方面分别论述自己的奥林匹克文化观，即奥林匹克文化地区的多元化、艺术形式的多元化、表现形式的日常化。可以看出，麦克伦强调了奥林匹克文化的多样和融合。

1.3.2 国内研究

1.3.2.1 对“奥林匹克文化”释义的研究

有关奥林匹克文化研究的文章最早出现在 1990 年 3 月出版的《体育与科学》中。陈辽用比较分析的手法论述了中国传统体育文化与奥林匹克文化的差异性，并指出二者各有其特点与不足。有关“奥运文化”的文章最早发表在 2001 年的《北京观察》和《当代电视》上，而真正有具体分析内容的文章是 2003 年 1 月陈伟等发表在《武汉体育学院学报》上的《以中国体育文化促进奥运文化的发展》一文，作者通过对构筑体育文化实践模式进行研究，探索并实践中国特色的体育文化发展之路，为体育文化建设发展提供了可借鉴的经验。总之，学者前辈们在 20 世纪 80 年代末 90 年代初就已经开始关注“奥林匹克文化”的理论研究，用他们博学的文化知识、严谨的研究态度为我们今后对中国传统体育文化的传承及奥林匹克文化的发展研究奠定了坚实的理论基础，值得我们借鉴与参考。

在谈到“奥林匹克文化”的概念之初，我们有必要将其与“奥运文化”进行区别解释，因为我们在查阅大量文献资料时发现许多学者都把“奥林匹克文化”与“奥运文化”混淆，甚至出现了认识上的偏差。虽然“奥运文化”和“奥林匹克文化”在根源上是相同的，都是以体育为载体，以奥运会为媒介，以促进世界和平发展为宗旨，但是他们之间却不能简单地画上等号。“奥运文化”以每 4 年一届的奥运会为前提，通过与奥运会主办国民族传统文化的交流、融合所形成时代性文化的总和[①]。它是奥林匹克文化在不同时间、不同奥运会举办国所反映出的不同的文化表现形式，带有奥运会主办国的地方民族特色，又包含奥林匹克文化的普世价值、共性特征和永恒的主题，它是具有时效性和民族性的。这也恰巧验证了我们在前期统计有关“奥运文化”文章发表时间和数量时的研究发现：在奥运会期间相关文章发表数量达到最大值，而后奥运时期相关文章却较少，这与笔者的调查不谋而合，相互呼应。

对“奥林匹克文化”在概念上的解释从未出现过争议，有的只是学者们在语言叙述上的不同，或是认识理解的方向不同。如表 1–1 所示，我们对一些学者对“奥林匹克文化”概念具有代表性的释义作了归纳梳理。从文化学和社会学的角度来看，本书比较倾向于《奥林匹克文化概论》一书的解释，其与熊斗寅的解读如出一辙。“奥林匹克文化”不仅仅涵盖奥运会，还包括理念、理想、具体活动和在实践活动过程中所创造的物质、制度和精神财富的总和[②]。正如卢元镇教授所说，“奥林匹克文化”对各民族文化具有强大的感召、同化、融合、兼容和统摄能力，其形式外壳是竞技游戏，而思想内核是体现美与尊严的理念。奥林匹克运动是强者追求的文化。

表 1–1　有关“奥林匹克文化”概念辨析的统计表

年份	作者	名称	出处	释义
2008	J.A.曼根	奥林匹克文化概论	北京大学出版社	起源于奥林匹克运动的一切事物。奥林匹克文化不仅仅涵盖奥运会，还包括理念、理想、具体活动和围绕奥林匹克运动的现实情况。它是奥林匹克运动在实践过程中所创造的物质、制度和精神财富的总和

① IOC. Final Report of IOC Coordination Commission Games of the XXIX Olympiad Beijing 2008 [R/OL]. http://www.olympic.org/en/content/Footer-Pages/Documents/Games—Beijing-2008-Olympic- Games/

② 曼根. 奥林匹克文化概论 [M]. 董进霞，译. 北京：北京大学出版社，2008：12.

续表

年份	作者	名称	出处	释义
2007	孙兵，等	奥林匹克文化对中国体育未来发展的影响	体育文化导刊	以奥运会为核心的体育活动中所采用的充分体现奥林匹克的象征物和奖励制度，以及一系列弘扬奥林匹克精神的文化活动。奥林匹克文化是世界体育文化的主流和核心，它有广义和狭义之分
2005	熊斗寅	论奥林匹克文化	体育学刊	奥林匹克文化是社会文化的组成部分，是在古代和现代奥林匹克运动实践中所创造的一切精神财富的总和。它的内涵非常丰富，可以分为广义和狭义两部分
2004	卢元镇	奥林匹克运动：强者追求的文化	体育文化导刊	作为一种世界文化，对各民族文化具有强大的感召、同化、融合、兼容和统摄能力。它对社会的和平进步产生积极的影响，其形式外壳是竞技游戏，而思想内核是体现美与尊严的理念。奥林匹克运动是强者追求的文化

1.3.2.2 对“奥林匹克文化”本质的研究

关于“奥林匹克文化”本质的研究，学者们主要关注的是具有浓厚西方文化烙印的奥林匹克运动的基本内核问题，奥林匹克运动的宗旨理性问题，奥林匹克文化遗产的挖掘和保护问题，借助奥运会的开、闭幕式对本国文化的展示，以及奥林匹克价值和理想的认同等问题。

熊晓正的《对北京奥运会独特文化遗产的理解》和卢元镇的《东西文化对接中的奥林匹克运动》等研究成果明确了奥林匹克文化的基本概念，提出了较为合理的奥林匹克文化理论分析结构，同时也明确了古代和现代奥林匹克文化的异同，辩证地认识了奥林匹克文化和文化保护的相关问题，丰富了国际奥林匹克研究的理论体系①。

① 熊晓正.“人文奥运”与现代奥林匹克运动［J］. 北京体育大学学报，2005（2）：9-11，20.

熊斗寅在《论奥林匹克文化》一文中指出，奥林匹克文化是以西方文化为主导的多元文化；奥林匹克文化是以教育为核心、体育为载体的文化；奥林匹克文化是具有远大理想和催人向上的先进文化。[①]

孔繁敏在《奥林匹克文化论》[②]一文中指出，象征性、多元性、观赏性、人文性是奥林匹克文化的主要特征。孔繁敏还在《奥林匹克文化研究》[③]一书中将现阶段奥林匹克文化的性质界定为"以西方文化为主导的多元文化"。古代奥林匹克文化源于古希腊文化，古希腊文化是西方文化的基础。奥运的普及要求文化的多元，但由于历史及现实经济、政治等原因，奥运的活动内容安排及组织结构等仍带有浓厚的西方文化色彩。

学者陈青（2004）指出，奥林匹克运动追求全球和平的本质使人类和平的憧憬得到短暂实现，为全人类有效进行交流提供便利，这是奥林匹克文化存在的支点，也是它雄踞文化帝国的力点。奥林匹克文化帝国是依赖于科技的、物理属性的强势文化，广泛地影响全球体育文化，强烈制约着民族体育文化，如果这种倾向进一步演化，奥林匹克文化势必走向理想与现实的背离[④]。

1.3.2.3 对奥林匹克文化多元化的研究

任海[⑤]指出，奥林匹克文化并没有向它所期望的方向发展。在经济全球化发展过程中，奥林匹克文化正处于文化单一化的危机中。郑小九[⑥]指出，奥林匹克运动的全球化对世界民族体育的多样性造成了一定的威胁，因为奥林匹克运动始终受控于西方国家，正朝着单一化

---

① 熊斗寅. 论奥林匹克文化［J］. 体育学刊，2005（1）：15-18.

② 孔繁敏. 奥林匹克文化论［J］. 体育与科学，2003，24（1）：20-22.

③ 孔繁敏. 奥林匹克文化研究［M］. 北京：人民体育出版社，2005：30.

④ 陈青. 奥林匹克文化帝国［J］. 体育文化导刊，2004（05）：30-31.

⑤ 任海. 奥林匹克运动的全球化与文化的多样性［J］. 体育文化导刊，2002（1）：82-84.

⑥ 郑小九. 论奥林匹克运动中一元文化与多元文化的关系. 沈阳体育学院学报，2007，26（4）：1-3.

的方向发展，这将不利于非西方传统体育文化的发展，也不利于奥林匹克运动的进一步普及。

詹晓燕[①]对奥林匹克文化的单一化和多元化所进行的研究表明，奥林匹克文化的单一化在当今社会高速发展的局势下是行不通的，奥林匹克运动要想走向世界，文化的多元化是必然要求。孔繁敏提出，奥林匹克运动在世界范围内的发展应该基于多元文化互补、跨民族、跨国度的世界性文化体系。奥林匹克运动所推崇的绝不是一种标准的现代化或文化的单一化，更非欧洲化或西方化，未来的奥林匹克运动必须是多文化的，并且是跨文化的[②]。

宋旭[③]对体育文化的多元化进行了研究：文化应该是一种多元化形态，由多种文化元素相互共存、相互转化、相互生成。体育文化的多元化，一方面是指将不同的体育文化形态合理地纳入奥林匹克运动，另一方面是指要根据自身的民族传统、文化传统、民族心理等有计划、未雨绸缪地寻找独立发展的道路和空间。第一，尊重多元共存格局。要绝对杜绝那种以主流体育文化的标准来否定非主流体育文化，或者用非主流体育文化的标准来排斥主流体育文化的观点和做法。同时，要尊重每一种体育文化不同的特色、不同的属性。第二，不同体育文化的“和合”。和合即优化组合，就是不同的体育文化相互共存时，要弘扬它们各自的优点，形成一种优化的组合。第三，不同体育文化要个性彰显。

何振梁先生认为，顾拜旦倡导恢复现代奥林匹克运动时，就明确主张奥运会应该是普遍性的，是世界的，而不是哪个民族的。普遍性必然要求文化上的多样性，当多种文化受到同样尊重的时候，普遍性才得以真正体现。文化多样性是奥林匹克运动普遍性的必然要求。

任海认为，强调奥林匹克运动的文化多样性的意义不仅仅在于为

---

① 詹晓燕. 文化多元论视角下奥林匹克文化发展［D］. 开封：河南大学，2004：23-28.

② 孔繁敏. 论奥林匹克文化的交融、内涵与创新［J］. 体育文化导刊，2005（5）：28-31.

③ 宋旭. 论体育文化的多元化生［J］. 体育文化导刊，2005（8）：12-14.

奥林匹克运动增加观赏价值和吸引力，更在于它关系到奥林匹克运动的基本原则，关系到这一运动生存的最基本的依据。奥林匹克运动中西方文化一统天下的局面妨害了这一运动的宗旨——为建立一个和平的更美好的世界做出贡献。奥林匹克运动为自己确定了世界和平维护者的角色。正是这种高尚的目标使得这一运动博得全世界人民的尊重。但是让有着不同社会和文化背景的人们和谐地生活在一起、相互尊重并不是一个轻松的任务[①]。

世界和平的前提条件是国与国之间的相互理解，在这一方面，奥林匹克运动正应当充分发挥其沟通的桥梁作用，加强来自各地区和不同社会背景人们的相互了解，成为跨文化交流的一个渠道。但是今日的奥林匹克运动在相当程度上已经西方化，在日益增长的西方文化压力下，各民族和地区的文化一方面出现发展危机，另一方面世界各地人民民族意识和对自己传统文化的认同感得到强化，抵制单一的文化扩张。加强各民族间的文化沟通，构建一个多元而和谐的世界文化体系，是世界上大多数国家利益之所在，也是人类社会长远发展的利益之所在[②]。在这个意义上奥林匹克运动应当容纳多元体育文化，以增进各民族之间的理解和尊重。

另外一些学者则认为，同任何其他民族文化一样，西方体育文化也有自身的缺陷，但要克服自身的缺陷不可能从自身找到解决办法，只能从其他文化吸取营养，因此奥林匹克文化应当多元化。例如，黄亚玲认为兴起于欧洲的奥林匹克运动，其价值观念和活动方式大多与西方文化一脉相承，其多层的体育文化结构和以竞争性的运动项目为主导的体育形式，适应社会发展的需要和个人身心发展的需要，它逐渐超越了政治、宗教、种族和语言的限制，成为世界性的体育文化，并为人类的文明进步做出了重要贡献。但是，西方文化也有其固有的缺陷，当前奥林匹克运动中出现的过度商业化、兴奋剂滥用等危及奥

① 任海. 奥林匹克运动的全球化与文化的多样性［J］. 体育文化导刊，2002（1）：82-84.
② 孙葆丽. 奥林匹克文化和教育的多元化趋势［J］. 体育文化导刊，2003（4）：24.

林匹克理想的问题，都可以在它生存的西方文化背景中找到根源[①]。奥林匹克运动需要从其他文化中寻求有益的成分。诞生于西方文化背景中的奥林匹克运动需要从东方体育思想、价值观和运动形式中汲取有益的养分，才能不断丰富和完善[②]。

也有少数学者从文化多元论的视野进行了分析，从生物多样性的意义延伸到文化多样性的重要意义。邓星华认为，从生物多样性到文化多样性构建了现代体育发展的理论依据，而民族文化的多样性造就了民族体育的丰富多彩。差异性是多样性的基础，在经济全球化浪潮下，现代体育的发展不仅要保留体育文化的差异性，同时还必须遏止当前西方体育一统天下的局面[③]。

总之，保持文化多样性仅仅是文化多元论的一个方面，从文化多元论视野出发还有很多方面可以挖掘。针对奥林匹克文化多元化问题，人们阐述的都是一些观点、态度，而不是一个专业术语或者概念。虽然提法不太一样，但是众多的研究者已经达成了一个共识，即经济全球化时代奥林匹克文化应该是多元文化的交融和共存，而不是一种文化的全球扩张。

1.3.2.4 对奥林匹克文化与中国传统体育文化关系的研究

在全球文化多元化发展的今天，如何用辩证的眼光去审视中国传统体育文化与奥林匹克文化发展繁冗复杂的关系，是广大体育研究者应倍加关注的课题。学者们对于二者的关系也是各抒己见、据理力争、百家争鸣。卢元镇认为奥林匹克运动是当代国际体育的主流，奥林匹克文化是强势文化，我国体育必须与之接轨才能更快地发展，同时奥林匹克运动又是动态化过程，我们应积极对它施加影响，丰富其内容，提高它的代表性和普及性，二者的互动是重要内容，寻找奥林匹克文

① 孙葆丽. 奥林匹克文化和教育的多元化趋势 [J]. 体育文化导刊，2003（4）：25.

② 同上.

③ 邓星华. 文化多元化与现代体育发展的自主选择 [J]. 北京体育大学学报，2005，28（3）：15-18.

化与中国本土文化的相容点与互补点是我国奥林匹克研究的对象，随着各种联系的加强，两种文化的互补性必然会趋于主导地位①。

（1）二者的冲突与融合，是发展的必经阶段。研究发现，学者对中国传统体育文化与奥林匹克文化关系的探讨更趋于“求同”。中国体育文化经过几十年的变革，吸收西方体育文化的精华，积极汇入世界体育文化的潮流，北京奥运会最好地实现了中国体育文化与奥林匹克文化的对话与交融②。两种文化在道德养成、自强不息、和谐包容等方面具有共通之处，通过相互碰撞交流后，两种文化互通互学使自身更完美，有力地促进了二者的共赢和完善③。毛振明也曾指出，当中国传统体育文化遭遇奥林匹克文化碰撞之后，我们有 4 个任务：完成文化碰撞、经过文化碰撞完成文化定位、文化保护、文化的弘扬和建设。总之，笔者非常赞同学者们对中国传统体育文化与奥林匹克文化由冲突走向融合关系的论述。在 100 多年的近现代中外文化交流史上，中国与奥林匹克结下了不解之缘，两种文化在经过不断的摩擦、撞击、竞争、交流的过程之后，实现了相互的选择和理解，消弭了冲突，促进了融合。

（2）二者的相互促进与影响，是发展的必然趋势。大部分学者对中国传统体育文化与奥林匹克文化之间相互影响、共促发展的关系还是比较关注与认同的。孙卫卫等指出，加强人文奥运理念对中国传统体育文化发展的影响，对正确理解东西方文化的互动具有积极的意义。④孙兵等分析了奥林匹克运动的大众化特性及奥林匹克文化对中国未来体育发展的影响，认为中国未来体育发展的趋势是注重内涵建设

---

① 卢元镇. 体育人文社会科学概论高级教程［M］. 北京：高等教育出版社，2003 ：203.

② 付弟雯，万国华. 中国体育文化与奥林匹克文化的交融［J］. 景德镇高专学报，2009（4）：81-82.

③ 余晓慧，熊伟. 中国传统文化与奥林匹克文化的互通与共赢［J］. 河北体育学院学报，2012（2）：20-22.

④ 孙卫卫，蒋荣. “人文奥运”对中国体育文化发展的导向［J］. 河北体育学院学报，2008（4）：7-9.

及走精英化与大众化相结合的发展道路。[①]饶云鹏等指出，积极倡导以交流、融合、吸收为特征的国际化的体育文化观念，并在此基础上探讨中国传统文化对奥林匹克文化现实价值方面可产生的影响。[②]卢元镇指出，审视各国体育文化的现实，只有中国体育文化可以站出来为保留世界体育文化的多样化做出尝试和努力。总之，笔者非常赞同学者们对二者相互影响、共促发展关系的探讨。正如中国传统体育文化的发展需要借助奥林匹克文化，加快其现代化转型的进程一样，奥林匹克国际化进程同样受到中国传统体育文化的诸多影响，中国传统体育文化始终是奥林匹克国际化进程中完善自己取之不尽、用之不竭的资源宝库。

（3）二者的互助与互补，存在质疑，不敢苟同。学者们对中国传统体育文化与奥林匹克文化在互动互助关系方面的研究相对较少，但还是有学者在此方面提出了比较独到与深层次的见解。王润斌等认为，以和谐理念为内核的文化软实力的生成与整合是中国传统体育文化补充奥林匹克理论体系缺陷的必由方略。[③]孙婕等对中国传统体育文化与奥林匹克文化作了精辟的论述，并阐述了前者对后者的补充，旨在使中国传统体育文化与奥林匹克文化得到更好的发展。[④]刘景黎等从文化的冲突与融合的角度，对2008年奥运会与中国传统体育文化现代化的双向互动问题作了初步的探讨。[⑤]舒慧文等[⑥]认为，中国传统体育文化

---

① 孙兵，于海娟. 奥林匹克文化对中国体育未来发展的影响［J］. 体育文化导刊，2007（12）：43-45.

② 饶云鹏，刘少英. 国际化背景下中国传统文化对奥林匹克文化的价值研究［J］. 体育文化导刊，2007（7）：45-47.

③ 王润斌，李志向，涂传飞. 现代奥林匹克理论的缺陷与中国体育文化的补位［J］. 北京体育大学学报，2011（4）：15-20.

④ 孙婕，王听，伊文海，等. 论中国传统体育文化对现代奥林匹克文化的补充：从道德思想和价值观方面解读［J］. 体育科技文献通报，2009，17（8）：120-121.

⑤ 刘景黎，李玉新，高学民. 中国传统体育文化与现代奥林匹克文化互动初探［J］. 体育文化导刊，2008（3）：103-104.

⑥ 舒慧文，易小坚. 也谈中国传统体育文化与奥林匹克文化［J］. 内江科技，2007（7）：49，108.

所表现的公正、诚实、仁爱、友善等观念对当前奥林匹克运动中那些忽视人文精神，以及与奥林匹克人文精神相背离的现象起着一定的洗涤和净化作用。王卫荣指出，和谐思想是两种体育文化的共有属性，弘扬中国传统体育文化价值观是对奥林匹克文化的补充与奉献。[①]总之，上述大部分学者都比较赞同中国传统体育文化可以成为奥林匹克文化的补充，或者可以弥补奥林匹克理论体系的缺陷并为其补位。但也有一些学者提出了质疑的声音，作为两种历史背景不同的东西方文化，决不能简单地认为一方是另一方的补充，能为其弥补缺陷，能为其解决困境与危机，这只是一厢情愿的表现，缺乏理论与实践的依据。笔者赞同后者，并认同有些学者提出中国传统体育文化与奥林匹克文化之间双向互动的关系。两种文化可以通过双向互动、有效整合的方法来缓解奥林匹克的异化现象和文化危机，唤醒对中国传统体育文化的自觉，从而实现中国传统体育文化与奥林匹克运动的可持续发展。

（4）二者的差异与比较，追本溯源，精益求精。学者们普遍认同中国传统体育文化与奥林匹克文化之间存在差异的观点，虽然对二者之间比较研究的文章相对较少，但已有研究还是具有一定的深度和广度。邓德林等指出，北京奥运会是中西文化最适宜的交流平台。[②]杜俊娟认为，中国传统体育文化对克服奥林匹克文化局限性所带来的负面影响应该是一剂良药，对奥林匹克人文精神将产生深刻的影响。[③]巩庆伟指出，应基于哲学的观点分析两种体育文化的历史根基和发展，比较其价值差异和冲突，为我国体育文化的发展提供可借鉴之处。[④]总

① 王卫荣. 试论中国传统体育文化和奥林匹克文化的融合［J］. 湖北体育科技，2007（2）：98-99.

② 邓德林，孙涛. 奥运文化内涵与中西传统文化的新审论［J］. 内江科技，2010，31（5）：10.

③ 杜俊娟. 中国传统体育文化与奥林匹克文化观比较研究［J］，首都体育学院学报，2009，21（1）：126-128.

④ 巩庆伟. 奥运文化与中国体育文化的价值差异与哲学思辨［J］. 科技信息，2009（32）：289-290.

之，中国传统体育文化与奥林匹克文化在人与自然、人与人的关系认识上，以及在人生观、世界观、价值观的认知上都有着悬殊差别。从根本特点上讲，中国传统体育文化提倡“以和为贵、重视和谐”，而奥林匹克文化主张“公平竞争、重视斗争”①。“竞争”是奥林匹克文化的灵魂，它的核心就是“争”。但体育并不是一味的、单向的竞争，体育还注重团队精神，团队精神的核心就是团结合作即“和”，而恰巧“和”正是中国传统体育文化的核心所在，因此要用辩证的眼光来看待二者之间的差异，只有真正认识到二者的本质与根源上的不同，我们才能更好地互相借鉴、吸收、促进与发展。

1.3.2.5　对奥林匹克文化与中国发展的研究

孙葆丽对奥林匹克文化在我国的发展做了系统的分析：奥林匹克运动传入中国的早期，由于其与中国传统文化有诸多相悖之处而遭到了排斥和抵制，伴随着社会文化的巨大进步、奥林匹克运动的发展壮大和中国社会的需求，在我国重返奥林匹克大家庭和改革开放大潮的促进下，奥林匹克运动与中国体育及其社会文化背景呈现出全面融合的状况，这一变化对中国自身的发展和奥林匹克运动的发展都有极为重要的意义。②

刘春燕等对奥林匹克文化在我国传播的必要性做了研究，并指出在我国的传播途径有以下几个方面：学校和青少年、科研机构和科研活动、节日和庆典活动、大众传媒。③

罗时铭等在这方面进行了详细的研究，并把奥运会在中国的传播划分为4个阶段：20世纪前期、中期、后期及2008年北京奥运期，分

---

① Pew Research Center. Global：economic gloom-China and India notable exceptions [EB/OL].(2008–06–12)[2019–08–12]http://www.pewglobal.org/2008/06/12/global-economic-gloom-china-and-india-notable-exceptions.

② 孙葆丽. 奥林匹克运动与中国体育及其社会文化背景的融合 [J]. 北京体育大学学报，1994（增刊2）：6-9.

③ 刘春燕，任建慧，王淑英. 论奥林匹克文化在中国的传播 [J]. 保定师范专科学校学报，2008，18（4）：21-22.

析了奥运文化对中国的政治、经济、教育文化、传统体育发展的影响，中国对奥运的贡献，以及 2008 年奥运会对中国社会和体育发展的影响。[①]这是对奥林匹克文化在我国发展情况最详尽的研究，并且全面地分析了奥运文化对我国社会进步的影响。

熊斗寅把奥林匹克文化与中国传统体育文化融合历程划分为 4 个阶段：启蒙阶段（1919 年以前）、参与时期（1919—1948）、更新时期（1949—1979）、发展时期（1980 年至今）。4 个阶段的划分有一定的认可度，优点是其结合我国社会历史进程来划分，符合社会变迁的轨迹，但是受时代的、历史的因素影响较大，没有按照奥运文化在我国发展的重大历程来划分，如中国举办奥运就是一个具有历史意义的划分点。

总之，在现有的这些研究中，奥林匹克文化在我国的发展从宏观上经历了被动接纳和主动交流两个过程，更多地集中在对奥运文化的引入和介绍上；从发展的阶段上既有明显的特征也与我国近现代的政治、经济的发展紧密相连，在发展模式上以学校、青少年、科研机构、体育赛会和大众传媒为介质，运动项目得到了普及，奥林匹克文化逐步进入人们的生活，成为我国体育文化的组成部分；在发展的作用上，明显推动了我国体育文化的发展与进步；在北京奥运期和奥运后更多倾向于对我国的影响及文化异同的研究。今后的研究趋势更倾向于北京奥运会经验的总结、北京冬奥会及大众体育文化的发展方面。

综上所述，多年来国内专家学者们关于奥林匹克文化的研究，为本书提供了重要的借鉴与参考，但也存在一定的不足，总结如下。第一，关于奥林匹克文化发展的研究不多，对经济全球化时代奥林匹克文化的“全球化”“单一化”“西方化”问题，理论界没有给予足够的重视。第二，从已有的研究成果来看，以卢元镇、任海、孔繁敏等知名学者为代表的研究人员对经济全球化时代奥林匹克文化单一化的现

① 罗时铭，谭华. 奥林匹克学［M］. 北京：高等教育出版社，2007：344.

状作了较深入、全面的总结，对单一化危害的分析也直指要害，发人深思，研究有一定的深度。第三，学者们对奥林匹克文化多元化趋势进行研究的角度各有不同，但是因为奥林匹克文化与人类学、文化学、社会学等诸多学科有密切关系，所以留给后继研究者的空间较大，可以从更多角度来进行研究。第四，针对奥林匹克文化个性化发展的研究成果匮乏，研究囿于一隅、拘于一格，还不能为本书提供必要的理论指导。第五，奥林匹克文化个性化发展的障碍和对策问题研究成果较少，这也是最值得关注的问题。

本书从文化多元化的视角出发，以矛盾的普遍性与特殊性哲学原理为基础，以文化多元论为切入点，对“奥林匹克文化的个性化”进行哲学思辨与定位，梳理奥林匹克的发展与文化单一化的冲突、奥林匹克文化危机及异化现象等奥林匹克文化发展中的问题，论证奥林匹克文化个性化发展的必要性，指出对奥林匹克文化个性化的发展举措，并借助不同奥运举办国民族特色奥运文化的“案例分析”，体现奥林匹克文化个性化发展对世界体育文化传承与发展的价值，以及对世界体育文化多元化发展积极性的建设意义。

1.4 概念界定

1.4.1 “文化”释义

文化（culture）是一个非常广泛的概念，很难简单地做出定义。据统计，有关“文化”的各种不同定义至少有 200 多种，不同学者看法各异。人类学家马林诺夫斯基教授曾在他的著作《文化论》一书中指出，文化包括物质、社会、精神等三个方面，文化单位是由一定的器具、团体和信仰组成的。[①]文化的真正要素有它相当的永久性、普遍性及独立性，是人类活动有组织的体系，就是我们所谓的“社会制

① 马林诺夫斯基. 文化论［M］. 费孝通，等，译. 北京：中国民间文艺出版社，1987：14.

度”。在马林诺夫斯基教授的讨论班上，流行着“文化有三方面八制度”。“三方面”上述已经提到，“八制度”也在《文化论》一书所附的“文化总表”中列出：经济、教育、政治、法律和秩序、宗教、艺术、知识、娱乐。我国著名的社会学家、人类学家费孝通先生在他的《文化论与社会学》一文中，用一个通俗易懂的例子说明了文化与社会的区别，也阐释了文化的真正定义。假使一种生活不全靠个体的单纯经营，而需要许多个体用分工合作的方式生活，这是社会。从这个意义上来讲，人是社会动物，蚂蚁也是社会动物，但人和蚂蚁终究不同，不同点在于蚂蚁没有文化，而人有文化。动物的社会生活是靠先天的生物遗传的社会本能，而人类的生活，固然也有赖生物本能，重要的是依靠学习得来的社会遗传、后天学来的本领而生活，这种经学习而得、累积而成的有时间、空间性的生活，就是文化。社会是群体生活本身，文化是群体生活得以持续进行的一种方式。社会和个人是可见的实体，文化是看不见的抽象的生活方式，是一种看不见的力量，这种力量驱策着人接近它，因而使大家近乎一致①。

因此，从宏观上讲，文化是一种社会现象，是人们长期创造形成的产物，同时又是一种历史现象，是社会历史的积淀物。微观上讲，文化是凝结在物质之中又游离于物质之外，能够被传承的国家或民族的历史、地理、风土人情、传统习俗、生活方式、文学艺术、行为规范、思维方式、价值观念等，是人类进行交流的普遍认可的一种能够传承的意识形态。概括地讲，文化又有广义和狭义之分。

广义的文化：人类在社会历史发展过程中所创造的物质财富和精神财富的总和，特指社会意识形态。在对人类与其他生命体进行比较的基础上，着眼于人类所具有的独特、复杂的生存方式，其涵盖面非常广泛，涉及政治、经济、社会、文化和精神。

狭义的文化：社会的意识形态，以及与之相适应的制度和组织机构。狭义的文化，排除人类社会历史生活中关于物质创造活动及其结

① 费孝通. 文化与文化自觉［M］. 北京：群言出版社，2016.

果部分，专注于精神创造活动及其结果，主要是心态文化。1871年英国文化学家爱德华·B.泰勒提出了狭义文化的早期经典学说，他在《原始文化》一书中对文化进行定义：文化是一个复杂的整体，包括知识、信仰、艺术、道德、法律、风俗，以及人类在社会里所得一切的能力[①]。总之，文化是人类所共有的，不同群体的文化又有其独特性。

目前，由于文化具有的多样性和复杂性，很难将其进行准确且清晰的分类，学者们对文化的划分，也只是从某些角度分析的一种尝试。就文化的结构而言，有学者把文化分为物质文化和精神文化；有学者将文化分为物质、制度、精神等三个层次；有些人类学家将文化分为大众文化、高级文化、深层文化；也有学者将文化分为物态文化层、制度文化层、行为文化层、心态文化层。当然，在现实生活中，文化的各个部分总是相互交织，难以剥离而独立存在的。

1.4.2 “全球化”阐释

“全球化”（globalization）一词最早出现在20世纪80年代的西方报纸上，20世纪90年代以后联合国秘书长加利宣布“世界进入了全球化时代”。于是与此相关的如经济全球化等概念也随之而来，“全球化”一词也被广泛地引用到各个领域，而且对其解释与理解也众说纷纭。全球化既是一种客观事实，更是一种发展趋势。自地理大发现以来，伴随着全球航行和全球贸易，近代的人们早已承受了全球化浪潮的拍打，只是在当代人们才更强烈地感受到全球化浪潮所带来的震撼[②]。正如史蒂芬·罗在其《再看西方》一书中所述，技术进步、能力增强和危险把人们带入了新的相互依存之中。[③]所谓相互依存，指的是贸易、外国投资、金钱与资本，以及移民在国际的流动。正是运输和通信技术的突飞猛进，特别是光缆、计算机微处理芯片、传真、卫星传输等先进技术的发展，把地球变得越来越“小”，这种相互依存和

---

① 泰勒. 原始文化［M］. 连树声，译. 桂林：广西师范大学出版社，2015.

② 王宁. 全球化与文化：西方与中国［M］. 北京：北京大学出版社，2002.

③ 史蒂芬·罗. 再看西方［M］. 林泽铨，刘景联，译. 上海：上海译文出版社，1998.

全球化才成为可能。20 世纪中期以后，全球化正在过渡到多极化和资本主义与社会主义并存及竞争的复杂关系之中。随着全球化进程的推进和深化，人类文明在风险与问题中充满着机遇。

全球化时代是人类文化相关性和不平衡性凸显的时代，主要问题之一是世界历史进程中民族文化个性及其多样性的危机。这一问题产生的根本原因是西方资本主义现代化运动推行的文化殖民主义、帝国主义、霸权主义。工业化、技术化、市场化、世俗化与个人主义等价值观不但造成了西方文化生活方式的均质化，而且也导致了不同民族文化的冲突与均质化。作为民族文化的文化“间性”问题构成全球化时代文化个性问题的一个重要方面。

学者们对全球化的解释归纳起来主要有以下几方面：（1）全球化主要指世界各个国家经济相互交织、相互融合，以致形成了全球经济整体。（2）学者们纷纷从各自的领域作出解释，全球化至今还没有统一的界定。（3）深化对全球化概念的理解，全球化描述的是一种全球范围的深刻变化，这样的变化并不是新现象。

综上所述，对全球化的理解不能只停留在表面上，其可进一步深层次地解释为：行为主体的发展并建立起全球网络的过程。其深层次的含义包括 3 个方面：（1）全球化是带有全局性、超国界、全球性的力量在行动；（2）一体化带有制度趋同的意思，实际上不可能出现一个单质世界，所以可提“全球化”，不可提“全球一体化”；（3）不加定语的全球化是不准确的，因为只有经济和科技全球化是一种现实趋势，其他如文化、宗教、政治制度、生活方式等虽相互影响和吸收，但不可能实现全球化①。

1.4.3 “文化个性化”解读

从静态层面对文化个性进行内涵及结构分析是文化个性论的一个重要内容。文化个性是指文化的自性、他性和类性，及其内在关系构

---

① 张宝珍. 经济全球化需要研究的十大问题［J］. 世界经济，1998（9）：27-31.

成人的生存和文化建构的中心内容。从文化内涵把握与理解人类历史的时代性入手，揭示文化的定义是民族文化观的内核，探究西方文化传统中内在的思维方式和价值架构，从而进一步揭示文化个性的内涵，揭示文化身份意识彰显的深层原因及这一问题的价值与意义。

“文化个性”概念的提出具有深层文化生存背景，这种背景当然是对人类文化本真意义的理解。文化个性问题的凸显实际上是经济全球化时代人类生存危机、文化危机和民族文化间个性问题的表现。“文化个性”作为文化哲学的二阶概念能较准确地表征时代精神，比较全面地涵盖以上文化问题的基本内涵，通过“文化个性”概念，反映出文化的当代深层内涵与本体性问题。文化是人的活动及其文明成果在历史长河中自觉或不自觉地积淀或凝结的成果。理解“文化个性”概念，要做到内涵的具体规定性与功能综合性的统一，含义的层次性与作用的统构性的统一，品质的个性与文化的系统性的统一。总之，要用辩证的、整体的、生成的思维方式理解文化。

（1）“文化个性”是与“文化共性”内在相连的概念。文化个性与文化共性分别指向不同的价值维度。文化共性表现着人类文化的一致性方面，即文化的普遍价值；文化个性则表现着人类存在的文化差别性，个体性和为我的价值本己性，即不同文化共同体的特殊意义、特殊价值。文化共性和文化个性实则是人类文化内在的两个不可分割的属性。人类的整体理念与整体生存自觉，必须通过对“具体文化形态的文化精神”的培育展开，所以“具体文化形态”的“文化个性”精神的培育成为人类文化转型中人类文化建设的现实具体之路。任何现实的具体文化形态的文化个性精神培育又必须紧紧领悟现今时代的文化精神，并以之作为价值依据。经济全球化与世界历史进程在人类生命活动方式上就是人类及存在方式的民族性、时代性、人类性、世界性及其内在有机统一将构成具体文化形态个性精神培育的存在论依据。

文化个性概念表征的是文化群体性的个体性、本己性、差异性，甚至是在不断强化文化具体形态的边界，通过边际符号、价值旨趣的彰显而塑造其个性特色。文化个性内蕴的价值独特性成为文化具体形态存在的理由，也是构成人类文化丰富性、生动性、创造性的依据。文化个性在具体文化形态中是文化自我身份确证的依据。经济全球化包容性、整合性、相关性、互动性又使各民族文化个性的“片面性”成为人类总体上的“全面性”。相对性、相关性、依存性、互补性、共生性成为当代文化个性精神培育的根本价值理念。

（2）文化个性与文化模式是既相互区别又具有紧密联系的两个概念。从本质上看，文化起源于人的生存活动的超越性和创造性，体现了人的需要和价值体系。这种意义上的文化一定是以文化模式的方式存在的。因此，文化模式是文化哲学的重要范畴。特殊的文化模式是指各民族或国家具有的独特的文化体系。它是由各种文化特质、文化集丛有机结合而构成的一个有特色的文化体系。各民族或国家之间有着不同的文化，即文化模式不同。文化模式是特定民族或特定时代人们普遍认同的，由内在的民族精神或时代精神、价值取向、习俗、伦理规范等构成的相对稳定的行为方式，或者说是基本的生存方式或样法。在《文化模式》一书中，美国文化人类学家本尼迪克特指出：实际上，文化在本质上是趋于整合的，各种文化特质形成一种具有内在统一精神和价值取向的文化模式，这种文化模式把每一个体的行为包容于文化整体之中，赋予它们以意义。[①] 因而，本尼迪克特认为，文化模式是人类生存的深层维度。

（3）文化个性与文化结构也是既相互区别又相互联系的概念。德国历史哲学家斯宾格勒首开文化形态学或历史形态学研究的先河。在《西方的没落》一书中，斯宾格勒提出，研究历史首先要研究历史上各种不同的文化，人类历史就是各种文化自生自灭的舞台。他把这些文化划分为 8 种：埃及文化、印度文化、巴比伦文化、中国文化、古典文化（希腊罗马文化）、伊斯兰文化、墨西哥文化和西方文化，另有一个尚未发展完成的俄罗斯文化。斯宾格勒同时论证了文化的同时代性

① 本尼迪克特. 文化模式［M］. 张燕，傅铿，等，译. 杭州：浙江人民出版社，1987：45.

和独特性。他认为各个不同的文化都经历了相同的发展过程，因而不存在时间上的先后，所有的文化都是同时代的和等价的，不同文化的人和事完全可以具有相同的意义。但每一种文化又都具有自己独特的个性，比如古典文化注重现在，不问过去和将来；西方文化则不满足于现在，追求自我完善和无限。因此，斯宾格勒指出：人类的历史没有任何意义，深奥的意义仅寓于个别文化的生活历程中。[①]

总之，“文化个性”概念侧重于文化的内在精神，是与文化共性不可分割的文化的内在品性；文化个性内在于特定具体的文化模式、文化结构和文化形态之中，并在深层统摄制约引领者文化模式、文化结构和文化形态的构建。“文化个性”的意蕴和价值指向具体通过文化生活的“自性”“他性”“类性”三个维度体现出来。文化所代表的生存方式总是特定时代的特定民族，在特定地域中占主导地位的生存模式，它通常以自发的文化模式或自觉的文化精神的方式存在。

① 斯宾格勒. 西方的没落［M］. 齐世荣，田农，等，译. 北京：商务印书馆，2001：138.

2　研究思路与方法

2.1　研究思路

本书以奥林匹克文化为研究对象，从文化多元论的视角切入，深入辨析奥林匹克文化个性化的概念及内涵，重点剖析奥林匹克文化发展中存在的问题及遭遇的瓶颈，合理论证奥林匹克文化个性化发展的必要性，比较分析不同奥运举办国民族特色奥运文化的个性化表达，提出经济全球化背景下奥林匹克文化个性化发展的合理化举措与建议（图 2-1）。

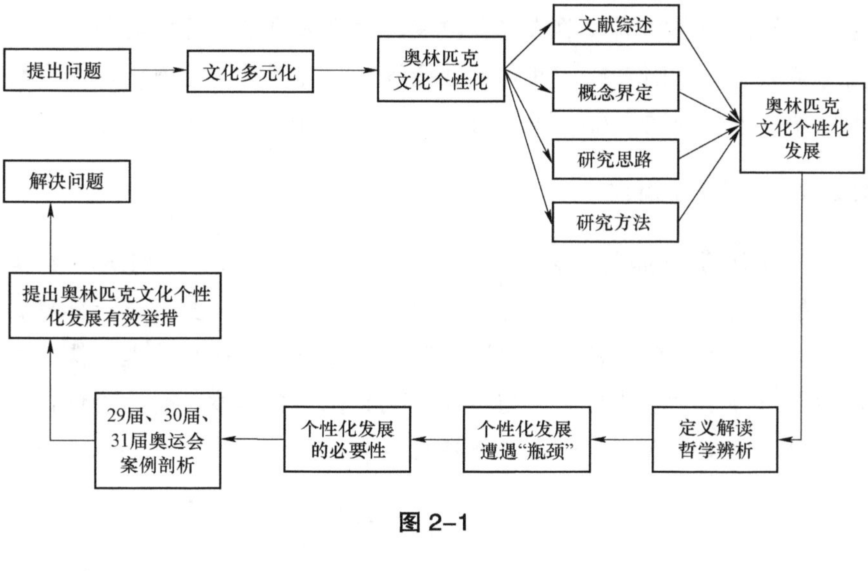

图 2–1

2.2 研究方法

2.2.1 文献资料法

基于对来自中国知网、SPRINGER 数据库、EBSCO 数据库、国家图书馆、广州购书中心、河南师范大学图书馆、河南省传统文化研究基地等的文献资料的校勘、发掘、收集和整理，本书对“奥林匹克文化的个性化”进行哲学思辨与定位，重点剖析奥林匹克全球化与文化单一化的冲突、奥林匹克文化危机及异化现象等奥林匹克文化发展中的困难与挑战，尽量做到宏观阐述与具体操作、理论与实践互证。

2.2.2 访谈法

本书根据研究内容框架编制访谈提纲，针对经济全球化背景下奥林匹克文化的解读、发展、面临的“困境”，以及“奥林匹克文化个性化”的定位、思辨、必要性及发展举措等开展体育访谈研究。具体访谈对象包括：北京体育大学任海教授，华南师范大学卢元镇教授、黄宽柔教授，华东师范大学董翠香教授，西安体育学院陈西玲教授，河南师范大学刘献国教授、韩勤英教授等。研究者针对选取访谈内容与多位学者进行沟通交流、深入剖析，为本书的研究提供支持与保障。

2.2.3 案例分析法

本书对第 29 届北京奥运会、第 30 届伦敦奥运会、第 31 届里约奥运会的奥运理念、奥运形象标识（奥运口号、会徽、奖章、吉祥物、火炬等）及奥运会开幕式演出进行归纳与分析、对比与梳理，探索不同奥运举办国民族体育文化与奥林匹克文化契合程度，研究个性化奥林匹克文化发展规律，提炼出普遍性理论。

2.2.4 逻辑分析法

本书结合专家学者、管理者、奥林匹克运动爱好者对奥林匹克文化个性化发展的认知，运用归纳与分析、推理与演绎等方法，参考所查文献资料，探讨存在问题，分析典型案例，提出奥林匹克文化个性化发展的相关举措，旨在经验互鉴、取长补短。

3 结果与分析

3.1 奥林匹克文化“个性化”的哲学思辨

3.1.1 奥林匹克文化的内涵

由于本书在文献综述部分已经对奥林匹克文化的“释义”进行了详细的分析，在此就不过多赘述，只是对奥林匹克文化的概念再次进行界定。无论是内涵、范畴，还是特征、思想体系，诸多专家学者都从不同角度与层次对奥林匹克文化的定义进行了深入的研究与探讨，他们一致认为奥林匹克运动的影响之所以广泛且深远，终究归结于其丰富的文化内涵。奥林匹克文化作为当今世界体育文化发展的主流文化，已然成为各民族展示自身文化及政治、经济、科技等多视角的立体视窗。因此本书对奥林匹克文化的定义将沿用《奥林匹克文化概论》中对其的定义：起源于奥林匹克运动的一切事物。奥林匹克文化不仅仅涵盖奥运会，还包括理念、理想、具体活动和围绕奥林匹克运动的现实状况。它包括过去和现在、长处和不足、成功和失败、美德和恶行①。总之，在经济全球化迅速发展的今天，奥林匹克文化不仅展现出典型的西方文化特点，也因不同主办国家而融入更多的元素，体现着世界各国人民的共同愿望，通过奥林匹克运动会的举行，让来自不同地域、不同民族的人们相互交流学习，共同迎接新的文化时代，它早

① 曼根. 奥林匹克文化概论［M］. 董进霞，译. 北京：北京大学出版社，2008：18.

已成为一种“和而不同”的奥林匹克文化。

3.1.2 文化多元论的背景及思想

3.1.2.1 文化多元论

持文化多元论观点的学者认为，经济全球化时代，全球文化能够保持多元化而不是一体化，并非像经济全球化那样使各民族的文化趋向统一，而是尽可能从保持不同文化的本质特征和平等地位，通过全球各种文化的交流和理论对话而达成一定程度上的共识。文化多元化思潮主要回应了人们对经济全球化造成的某种程度文化单一化的担心和恐惧，认为经济全球化不可能带来文化的一元化，但同时提醒人们必须清醒地认识到经济全球化给世界文化多样性造成的威胁和压力。以西方发达国家的文化形态为代表的强势文化，在世界文化多样性发展中占据着主流和中心的地位，对其他文化形态产生不平等和不均衡的信息流动，从而使得以发展相对较差国家的地域文化为主要代表的弱势文化形式面临更加严峻的挑战。因此，保护文化多样性，促进文化之间的平等、理解和尊重，努力达成世界多元文化共存的文化图景是文化多元论所表达的主要内容。随着现代化程度的加深，西方纯粹理性导致的人性缺失等问题，越来越多地暴露了西方文化的缺陷，越来越多的人开始关注其他文化的价值，文化多元论由此得到了越来越多有识之士的认同。

所谓文化多元化就是指一个国家或一个民族在社会发展的过程中，在继承本民族的优秀文化基础上，兼收并蓄其他国家或民族的优秀文化，从而形成以本国或民族文化为主、外来文化为辅的百花齐放、百家争鸣的和谐社会氛围。文化多元并不是现代社会才有的现象。早在古罗马和古埃及，不同文化背景的民族就和睦地相处于一个社会；在前现代时期，一些社会甚至在法律上承认不同宗教的存在，并想方设法调和宗教派别之间的冲突。然而文化多元并不等同于多元文化主义，前者是一种现象描述，后者是一种政治理论、一种意识形态。如果文化多元旨在指出不同文化的共存，多元文化则不仅指出不同文化的共存，而且还要求承认不同文化的差异并平等对待它们。

3.1.2.2 文化多元论的思想体系

（1）保证世界文化的多样性。

文化的多样存在是文化多元化的前提。文化多样性自古就有，只是到了经济全球化时代才凸现了对其加以保护的意义。有学者从文化多样性和生物多样性类比角度论证了文化多元化对人类发展的意义。

首先，它是人类文化得以延续和保存的重要前提。任何一种文化，都有自身的长处，同时也有其缺陷。一种文化要想在不利于自身存在的条件下获得生存的机会和可能性，就只有通过吸收其他文化的优势因子取长补短，来迎接挑战，积极地适应环境。就人类文化的整体而言，其如果离开了所有不同文化之间的互补整合，就可能将一种文化的缺陷放大为整个人类文化在总体上所普遍具有的共同缺陷，从而危及人类文化的持续存在。

其次，文化多样性的存在还是人类文化保持自身活力的重要条件。一方面，文化多样性为人类文化实现类似于生物学意义上的“杂交优势”创造了必要的条件；另一方面，文化多样性的存在还为特定文化的选择提供了多种可能性，而对新的可能性的尝试和探索，恰恰是创造性与活力的重要表现。正如拉兹洛所指出的，真正的创造性并不导致一致性，不同文化的人所信奉的许多不同的观点和观念只要互不对抗，就能使当代世界增添丰富性和活力①。

最后，文化多样性所要求的不同文化之间的多元关系，成为各种文化之间的张力结构赖以保持的可靠保障。而不同文化之间的张力关系恰恰为人类文化的存在和发展提供了不竭的动力。文化多样性是人类历史上普遍持久的特征。任何一种文化，只有在它能够与其他文化相区别时才能被辨识，也才能有现实的存在。我们有无数的视角和理

---

① 拉兹洛. 决定命运的选择［M］. 北京：三联书店，1997：121.

由论证文化的多样性，以至于西方经济学家斯蒂芬·玛格林断言：文化多样性可能是人类这一物种继续生存下去的关键[①]。

文化多样性是人们的文化价值观趋向多元的基础。人们只有保存并了解到世界多样的优秀文化，才可能产生文化多元化价值观，而这种价值观反过来又促进对文化多样性的保护。

（2）承认文化之间的平等与公正。

只要某个文明利用自然和历史的馈赠，对其他文明进行政治、精神和道德上的压迫，人类就没有和平可言：否定人类文化差异就是否定人类的尊严。世上没有孤立存在的文化，没有任何文化能够形成一个封闭存在的整体。所有的文化都受到其他文化的影响，反过来也影响其他文化。人类要和平共处，就必须尊重他人的文化。

目前世界上每一种文化都是在独特的地理环境和社会环境长期影响下形成的，文化本身就是适应和改造周围大环境的结果。世界上没有离开环境而普世的文化。因此脱离具体的自然和社会环境来评论文化的高低优劣，就好像建造没有根基的大厦，是不切实际和荒唐可笑的。就文化多样性而言，正如每一个物种对于整个生物界的意义无高低贵贱之分一样，每一种文化之于人类总文化的意义也没有轻重主次之分。承认文化之间的平等，尊重异质文化的特点，是世界文化多元化的基本要求。

因为差异，才需要正义或公正，这是经济和政治领域分配正义的道义要求。但这一原则并不能简单移植到文化领域。文化的生产是地方性和民族化的，文化的差异也不可能通过分配或重新分配来实现文化公正。文化是不可强行分配的，它只能通过不同文化系统或层面的相互交流、相互理解而达到相互共享。所谓文化的公正，不在于平均化，甚至齐一化地接受效果，而在于交流和理解的过程；更深层次而言，其在于不同文化之间相互对待的主体间态度。因此它比经济和政治上的公正更依赖于人的意愿、情感、理智、判断、

① 单世联. 全球化时代的文化多样性［J］. 天津社会科学，2005（2）：30.

心理和姿态等主体性因素。这正是文化多元论所具有的一个特征，与经济自由化和政治民主化相比，其差异的内在性和不可克服性要深刻得多、复杂得多①。

（3）推动文化的多元共生与文化互补。

民族性与世界性恰恰是文化发展的两极，文化的世界性趋势越是加强，文化的民族性也就越明显。不是文化的同一构成了文化的世界性，而是文化的民族差异、多元与认同构成了文化的世界性。文化多元化最终目标就是要达成人类文化多元共生、文化互补的新格局。广大发展中国家能充分认识到自身文化的独特价值，并努力使之成为多元优秀文化中的一员。西方中心论者也能够接受自己只是多元中的一员，与其他文化和谐共存。

费孝通先生曾经在讲话中提出了 21 世纪要解决的主要问题之一是：各种不同文化的人，也就是怀着不同价值观念的人，怎样在这个经济和文化上越来越息息相关的世界上和平共处。同时费孝通先生还指出：为了解决这些问题，我们在精神文化领域里需要建立起一套促进相互理解、宽容和共存的体系，文化发展的前景应当是“各美其美、美人之美、美美与共、天下大同”，实现文化的自我认识、相互理解、相互宽容和并存，在全球范围内实行和确立“和而不同”的文化关系②。

前人学者高瞻远瞩的论断告诉我们，越是世界的就越是民族的，不可能有一种统一标准的世界文化，真正的世界文化只能是民族文化的高度集中和融合，世界性的进一步发展也只能是民族性的进一步加强。文化多元化的前景就是各民族文化之间既相互交融又保持适度张力，和谐共存于世界文化之中。

---

① 万俊人. 全球化与文化多元论［J］. 读书，2000（12）：97-105.

② 费孝通. 文化自觉和而不同：在“二十一世纪人类的生存与发展国际人类学学术研讨会”上的演讲［J］. 民俗研究，2007（3）：5-14.

3.1.3 奥林匹克文化多元化

奥林匹克运动以其“为建立和平和更美好的世界做出贡献”的崇高追求赢得了世界人民的尊重和支持。奥林匹克多元文化不仅符合时代潮流，而且对于促进不同民族之间的相互理解和友谊起到了不可估量的作用，也是人类文明进步的标志。多元文化里的“元”也不仅仅指民族或种族，还包括性别、语言、宗教、群体等多个方面。奥林匹克运动是规范性最强，同时也是自由度最高的文化形式，是人类社会理想化的一个缩影。来自世界各国的运动员，具有不同地域、不同民族的文化背景，彼此之间存在差异性，但是在奥林匹克特有的竞技体育模式下，形成一种共性的文化，能够得到不同个体的认同，形成了尊重、和平、团结、友谊、包容的多元文化体系，使奥林匹克运动不单单是一种运动会，更重要的是成为世界青年的沟通桥梁和各种不同文化互相交流的纽带。

笔者还比较认同某些学者的观点：奥林匹克文化多元化是奥林匹克运动文化上的多样性、人们（特别是这个运动的领导人）在思想观念上对多种文化的兼容性。当多种文化受到同样尊重的时候，普遍性才得以真正体现①。一百多年来的现代奥运发展历程，充分证明了它是对多种文化的尊重与吸收。正如何振梁先生所言，从一百多年奥林匹克运动的历史看，它之所以成功，是因为它对多种文化的兼容和尊重。这个明智的政策不仅确定了奥林匹克的多文化性，也使它更具吸引力和凝聚力。可以毫不夸张地说，多文化性正是奥林匹克运动的财富和力量所在②。

此外，奥林匹克文化自身的发展同样需要文化多元化。奥林匹克文化已发展成为开放的跨国度、跨民族的世界性文化体系。在这个体系中，古代与现代、东方与西方相互汇聚，为奥林匹克运动提供了取之不尽、用之不竭的文化源泉。但以西方文化为主导的奥林匹克文化

① 孙葆丽. 奥林匹克文化和教育的多元化趋势［J］. 体育文化导刊，2003（4）：25.

② 任海. 奥林匹克运动的全球化与文化的多样性［J］. 体育文化导刊，2002（1）：82.

毕竟是一定历史时期发展的产物，同样受历史条件的局限，需要随着时代发展增添新的内容，不断地开拓创新，其关键在于进一步理解和尊重文化的多样性，加强东西方文化的交流和融合。国际奥委会2000年委员会强调指出，对奥林匹克运动来说，强调普遍性并不意味着划一标准的现代化或是文化上的单一化，更不是欧洲化或西方化。奥林匹克运动应该是更加多文化的和跨文化的。由此看来，奥林匹克文化多元化是逐步深化的，奥林匹克运动越来越成为世界各种不同文化间的纽带。

综上所述，笔者赞同上述学者的看法，奥林匹克文化应该是多元文化互补、跨民族、跨国度的世界性文化体系。奥林匹克运动所推崇的绝不是一种标准的现代化或文化的单一化，更非欧洲化或西方化，未来的奥林匹克运动须是多文化的又是跨文化的[①]。世界是多样的，正是文化上的多样性，使世界变得丰富多彩。应该理解和尊重这一多样性，而不是把某一文化强加于人，反对将某种单一文化模式凌驾于别的文化模式之上，必须树立对不同文化加以包容和理解的共同意识。

3.1.4　奥林匹克文化“个性化”

对奥林匹克文化“个性化”的哲学思辨应该基于马克思主义哲学原理：基于矛盾的普遍性与特殊性，深入剖析文化价值的双重属性，找寻共性与个性。这样才能更好地了解、认识、掌握奥林匹克文化多元化与个性化的辩证关系，因此把马克思主义的普遍真理同奥林匹克运动发展的具体实际相结合，来探讨奥林匹克文化个性化发展是具有实际意义的。

正如矛盾的普遍性与特殊性的辩证关系，奥林匹克文化的多元化与个性化之间存在相互区别、相互制约又相互依存的关系。奥林匹克文化多元化与个性化之间并无矛盾，甚至奥林匹克文化个性化发展是多元化发展的前提和基础，唯有奥林匹克文化个性化的发展，奥林匹

① 任海. 奥林匹克运动的全球化与文化的多样性 [J]. 体育文化导刊，2002 (1)：82.

克文化多元化进程才是真实的、具体的且富有成果的。但是任何一种文化的产生、发展和强大都不是一蹴而就的，有时需要历经千百年的发展与历练，以及与其他异文化的碰撞、冲突与融合。

正因如此，奥林匹克文化一开始就以西方文化为主导，在一定程度上拒绝其他文化的广泛参与，具有渗透单向化的特点，这种文化的单一性扼杀了其他民族体育文化的多样性和多元化，致使奥林匹克运动异化现象的频繁出现，奥林匹克文化危机日益严重。这种文化霸权主义对于发达国家来说影响甚微，但对于发展中国家来说就具有一定的文化侵略性，面对上述一系列的异化现象，奥林匹克文化迫切需要多元化发展来突破困境与瓶颈。因此各奥运会举办国纷纷将开幕式、闭幕式、会徽、吉祥物、歌曲、邮票、宣传画等奥林匹克艺术形式都赋予鲜明的民族风格，凸显各国民族体育文化的个性化特色。国际奥委会也一直拒绝文化的单一化与划一标准的现代化，为奥林匹克文化多元化发展奠定基础，提供保障。奥林匹克文化个性化发展为多元化提供了吸纳、互融的空间和平台，多元化反之促使个性化更好地彰显与发挥，二者互为前提，又相互依存。

3.2 奥林匹克文化发展所遭遇的“瓶颈”

3.2.1 奥林匹克运动与文化单一化

奥林匹克运动是人类世界的一份杰作，它展现了一幅巨大的、多元的体育运动和体育文化场景，吸引了 200 多个国家和地区的积极参与。体育运动与社会有着密切的关系：一方面，体育运动本身作为一种社会行为、社会活动介入社会生活；另一方面，作为社会的“缩影”和“焦点”，浓缩和反映了社会变迁、社会关系、社会心理和社会行为的种种现状，能动地对社会的变革起到促进作用[①]。在经济全球化时代，

① 王宁. 全球化与文化：西方与中国［M］. 北京：北京大学出版社，2002.

体育与社会的这种关系表现得尤为明显。正如顾拜旦所说："人类开始了一种新的生活，各民族的大融合，使人们相互之间更加了解，并开始彼此之间的较量。一个人取得了成就，另一个人立即希望也施展一下身手来与之相争，于是世界性的博览会把最遥远的国度的产品汇集到地球的某一个地方。"这种美好画面的产生，与奥林匹克文化的多元化是分不开的。

但是奥林匹克文化多元化的历程却相当漫长。从奥林匹克的文化传统、最初的参加者、影响范围等方面来看，初创时期的国际奥委会显然具有欧洲文化的特性。国际奥委会内部在思想观念上对奥林匹克文化多元化的认识也是逐步深化的，从认识到"应该理解和尊重文化的多样性"到"必须树立对不同文化加以包容和理解的共同意识"，再到"奥林匹克教育应该是更加多文化的和文化之间的"，至今仍在深化。奥林匹克运动的飞速发展，客观上要求加快奥林匹克文化多元化进程。为此，奥林匹克运动必须进一步消除西方文化单一化的倾向。

诚然，对西方体育文化的单一认同使奥林匹克文化日趋西方化，各国人们很难在其中找到属于自己的东西。学术界对奥林匹克文化单一化的批判也越来越多，长此以往，奥林匹克运动的生存和发展也会变得岌岌可危。对西方体育文化的单一认同使奥林匹克文化的发展遇到了瓶颈。如果继续下去，这也会给世界体育文化的发展带来意想不到的负面影响。

首先，奥林匹克文化的单一化是奥林匹克运动健康发展的一大障碍。文化单一认同势必会造成奥林匹克文化的单一化倾向，使奥林匹克文化更加趋于西方化，甚至会被全盘西化。如果奥林匹克文化只代表西方利益，那么它的普及和开展就会变得非常困难，得不到非西方国家的赞同和支持。没有了众人的参与，奥林匹克运动的国际化也将毁于一旦。奥林匹克文化的普及要求文化的多元化，要求众多文化的共同参与，但奥林匹克文化的单一认同却造成了奥林匹克运动中文化的一元与多元的对立。文化的多元化是奥林匹克运动思想体系中的核心要素，奥林匹克运动要想发展，必须坚持文化的多元化。

文化的单一化、文化的欧美化都不利于奥林匹克文化发展，文化的单一化的想法只会让奥林匹克文化的发展陷入困境，走向极端，让奥林匹克运动的复兴再次走向灭亡。

其次，奥林匹克文化的单一化对非主流的东方体育文化的存在造成了威胁。众多国家为了彰显自己的文化实力都在积极、努力地参与这个具有世界影响力的文化。但非西方体育文化要想加入就必须先对自己的文化进行改革，并且直至符合西方人的标准为止。一经改革，显然非西方文化原有的传统特色就被弱化了，因而对自身的存在也造成了不良影响。正如有些学者所指出的，奥林匹克文化的单一化似乎是在传递这样一个信息，各民族传统体育要获得现代性就必须抛弃他们自己的文化传统，改用西方体育的形式。如果这样下去，奥林匹克运动越普及，对非西方的传统体育的威胁就越大①。当前，在西方体育文化的强烈冲击下，众多的传统体育文化已经逐渐丧失了抵抗力，不得不屈从西方文化，在西方文化的洗礼中不知不觉变了模样，导致现在的奥林匹克文化的单一化发展趋势越来越严重。但人们似乎忘记了《国语·郑语》中叙述的这样一个道理："声一无听，物一无文，味一无果，物一不讲。"也就是说，单一的声音没人想听，是不悦耳的，单一的色调是缺乏文采的，单一的味道是乏味的。同样，单一认同下的奥林匹克文化的发展是不可能实现的。

最后，奥林匹克文化的单一化潜移默化地存在于奥林匹克运动的许多方面。

（1）西方运动项目占绝对主导地位。

奥运会的竞赛项目中，源于西方的运动形式居于压倒地位，在夏季奥运会的 28 个大项、302 个小项中，除了柔道、跆拳道等极个别的项目外，大多为西方运动项目。这种严重的倾斜现象从源自东西方两大文化圈的体育项目和东西方人口占世界人口的比例就可见一斑（表 3-1）。

① 任海. 奥林匹克运动的全球化与文化的多样性［J］. 体育文化导刊，2002（1）：81-83.

表 3–1　东、西方及中国人口占世界人口比例及其奥运项目占有率统计表

单位：%

	东方	西方	中国
人口比例	88.80	11.20	18.47
奥运项目占有率	7.10	92.90	0

注：2019 年世界人口约 75.79 亿，西方人口约 8.49 亿，东方人口约 67.30 亿，中国人口约 14 亿，奥运项目中东方项目 2 个，西方项目 26 个，中国项目 0 个。

从表 3-2 可以看出，西方人口占世界人口的 11.20%，拥有的运动项目占奥运项目的 92.90%，而占世界人口 88.80% 的东方人口拥有的运动项目只占 7.10%。平均来看，每 0.33 亿西方人口拥有 1 项西方奥运项目，而每 33.65 亿东方人口才拥有 1 项东方奥运项目。其中，东方文化的中心、占世界人口五分之一的东方大国——中国，没有一项自己的民族体育项目进入奥运会。“在这美好的奥林匹克图景面前，也有一点让国人心中有一丝不快：泱泱中华，一个不折不扣的体育大国，在奥运会中至今仍然没有属于中国的民族体育项目。”这种极大的不平衡让我们震惊的同时，也让我们为奥林匹克运动的发展深感忧虑。因为，西方文化单一化将极大地妨害奥林匹克运动生存的根基——国际性和文化多元性。

（2）举办奥运会的城市仍是“欧美的天下”。

在已举办的 31 届奥运会中，除 3 届因为第一次和第二次世界大战停办外，28 届的举办城市中，亚洲、非洲、拉丁美洲国家城市只有 4 个（日本的东京、韩国的首尔、中国的北京、南非的里约）。其中，有 16 届在欧洲举行，6 届在美洲举行，2 届在澳洲举行，1 届在非洲举行，只有 3 届在亚洲举行。奥运会的后面是政治和经济利益，因而在举办城市的遴选条件上，无疑考虑的是欧美自身的利益。奥运会极少在非西方文化传统的城市举办，这就限制了其从西方以外的文化中吸取营

养的机会。近些年来，由于奥林匹克文化发展自身所遭遇的“瓶颈”，以及世界呼吁奥林匹克文化多元化与个性化发展的呼声此起彼伏，越来越高，一些发展中国家在国家形象塑造与奥运会申办中，显示出越来越重要的国际声望与大国实力，国际奥委会逐渐把奥运会的主办权向其他非西方国家倾斜，第 29 届北京奥运会、第 31 届里约奥运会，以及第 32 届东京奥运会，都体现了国际奥委会为解决奥林匹克文化可持续、健康发展问题所作出的努力与决心。表 3–2 为夏季奥运会举办城市一览表。

表 3–2 夏季奥运会举办城市一览表

届次	年份	城市	届次	年份	城市
1	1896	雅典（希腊）	18	1964	东京（日本）
2	1900	巴黎（法国）	19	1968	墨西哥城（墨西哥）
3	1904	圣路易（美国）	20	1972	慕尼黑（德国）
4	1908	伦敦（英国）	21	1976	蒙特利尔（加拿大）
5	1912	斯德哥尔摩（瑞典）	22	1980	莫斯科（苏联）
7	1920	安特卫普（比利时）	23	1984	洛杉矶（美国）
8	1924	巴黎（法国）	24	1988	汉城（韩国）
9	1928	阿姆斯特丹（荷兰）	25	1992	巴塞罗那（西班牙）
10	1932	洛杉矶（美国）	26	1996	亚特兰大（美国）
11	1936	柏林（德国）	27	2000	悉尼（澳大利亚）
14	1948	伦敦（英国）	28	2004	雅典（希腊）
15	1952	赫尔辛基（芬兰）	29	2008	中国（北京）
16	1956	墨尔本（澳大利亚）	30	2012	英国（伦敦）
17	1960	罗马（意大利）	31	2016	巴西（里约）

（3）国际奥委会中西方人比例过大。

奥林匹克运动的决策层由西方人士主导，在国际奥委会当前 123 名委员中，一多半（52.6%）来自欧美国家，对发展中国家委员的名额分配远远低于欧美国家。在 1996 年的 114 名国际奥委会委员中，欧洲委员占总数的 46.4%，而来自亚洲和非洲的委员仅各有十几位，欧洲和北美洲成员国在国际奥委会的代表率高达 72.1%和 66.7%，而亚洲和非洲仅为 33.3%和 36.5%。在 111 个国家和地区无 1 名国际奥委会委员的情况下，意大利和瑞士却各有 4 名委员，美国、西班牙、瑞典也各有 3 名委员。目前，国际奥委会虽已注意到委员地域分布不合理的现象，但西方人在奥林匹克运动组织体系中的主导地位仍然没有大的变化（2016 年的国际奥委会执委会由 1 名主席、4 名副主席、6 名执行委员等 11 人组成，其中有来自中国的于再清、吴经国以及新加坡的黄思绵委员，占总人数的 27.3%）。由于欧洲中心主义历史惯性的影响，这一状况要得到较大改进，还需很长时间，但现在已经有了明显好转。

（4）发展中国家对奥运会的参与处于较低水平。

在 2016 年第 31 届里约奥运会，有来自 207 个国家的 10 500 名运动员，其中近一半（49.8%）的运动员来自欧洲。而广大发展中国家的实际参与状况远不能令人满意。如表 3-3 所示，里约奥运会有 54 个国家和地区奥委会派出的运动员不足 10 人，其中图瓦卢仅派出 1 人，斯威士兰、乍得等国家仅派 2 人参加比赛。多数发展中国家亮相的唯一机会就是开幕式上几秒钟的电视画面。

表 3–3 里约奥运会参赛代表团（<10 人）统计表

序号	国家（中文）	人数	序号	国家（中文）	人数	序号	国家（中文）	人数
1	阿富汗	7	19	关岛	9	37	缅甸	7
2	美属萨摩亚	4	20	几内亚	6	38	瑙鲁	3
3	安道尔	5	21	几内亚比绍	7	39	尼加拉瓜	5
4	阿鲁巴	7	22	独立奥林匹克运动员	9	40	阿曼	4
5	孟加拉国	7	23	基里巴斯	3	41	帕劳	5
6	贝宁	6	24	老挝民主共和国	6	42	圣马力诺	5
7	不丹	3	25	莱索托	8	43	圣多美和普林西比	3
8	柬埔寨	6	26	利比里亚	4	44	塞拉利昂	4
9	开曼群岛	5	27	利比亚	7	45	索马里	7
10	中非共和国	9	28	列支敦士登	5	46	斯里兰卡	9
11	乍得	2	29	马拉维	5	47	苏丹	8
12	科摩罗	5	30	马尔代夫	4	48	斯威士兰	2
13	库克群岛	9	31	马里	8	49	坦桑尼亚	7
14	多米尼加	8	32	马耳他	7	50	东帝汶	3
15	刚果民主共和国	8	33	马绍尔群岛	8	51	多哥	5
16	赤道几内亚	2	34	毛里塔尼亚	4	52	图瓦卢	1
17	加蓬	6	35	密克罗尼西亚	5	53	维尔京群岛	7
18	冈比亚	4	36	摩纳哥	9	54	也门	6

（5）制定竞赛规则以合乎西方人价值观念为原则。

竞争和刺激是制定竞赛规则的标尺。其他民族的体育项目，一旦成为奥运会的竞赛项目，规则的尺度必须符合欧美人的意志。即使非西方民族体育项目愿意以牺牲自身民族性为代价，进入奥运会的梦想也仍然遥遥无期。

3.2.2 奥林匹克运动的异化现象

所谓“异化”是指由主体自身产生又反过来敌视和支配主体的异化现象。异化在哲学表述上是用来指事物本身因为客观的外在环境影响从其自身产生出的事物，而这种事物虽然因其母体而产生，但是对母体的存在和发展会产生阻碍作用，甚至会吞噬母体。这种异化所产生的结果对被异化的对象及异己的对象世界的发展均存在不利的影响，甚至会限制或者毁灭异己的对象世界和异化物本身，而这是与事物的正态运转轨迹相违背的①。

现代奥运会从1896年最初参赛的13个国家300多名运动员到2008年北京奥运会的204个国家11000多名运动员，从当初许多国家不知道奥运会为何物到现在全球几十亿人同时通过电视机及网络观看奥运比赛，可以说在短短一个多世纪的时间里取得了长足的发展。现代奥运会已经成为当今世界范围最广、级别最高、影响最大的体育赛事。而且现代奥运会的意义已经远远超出了体育赛事，确切地说它已经是全人类的、独具魅力的文化运动。然而在现代奥运会得到极大发展、收获成功的今天，其异化现象也愈演愈烈，侵蚀着奥运会的肌体，并且越来越严重地阻碍着现代奥运会的健康发展，在某种程度上扭曲了现代奥运会的宗旨，违背了《奥林匹克宪章》的基本原则。现代奥运会的异化现象正在使其自身偏离正确的发展轨道。因此消除现代奥运会的异化现象是奥运会发展的刻不容缓的任务之一，以免重蹈古代奥运会灭亡的历史覆辙。

---

① 丁秀诗. 奥林匹克运动异化问题的研究［D］. 桂林：广西师范大学，2006.

3.2.2.1 “政治干预”的异化

“非政治化”始终是奥林匹克运动的重要原则。奥运会是奥林匹克运动的典型代表，更是一种具有广泛影响力的社会文化活动，从马克思主义政治经济学的角度来说，文化属于意识形态的东西，意识形态属于上层建筑的范畴。在上层建筑中，离国家机器核心越近的因素，它的阶级性、政治性就会越强。古代奥运会所追求的理念有明显的政治含义。如运动员的入场要以国家为单位，服装配有国家标志，颁奖时要奏获得金牌的运动员所在国的国歌、升该国国旗，等等。第 7 任国际奥委会主席萨马兰奇在 1988 年 11 月 21 日于莫斯科举行的第二届国际部长大会上指出，体育与竞技运动不可能如一些人所声称的那样独立于政治①。1994 年，他在给竞技运动团体的回信中表示，他希望每隔 4 年一届的竞技运动的代表们集聚一堂，通过骑士风度的、和平的竞赛来推进国际性统一的精神，如果奥运会可以影响政治的话，那么，那种认为这种相互作用只是单方向的，或者认为政治与奥林匹克运动没有任何关系的观点几乎是无法理解的②。

1896 年，现代奥运会的圣火在雅典重新点燃，“神圣休战”也得以传承。尽管它未能阻止两次世界大战的发生，但是作为一种正义的呼声，始终推动着人类理性思考、和平与进步。2007 年 10 月 31 日，第 62 届联合国大会一致通过由中国提出的、186 个会员国联署的《奥林匹克休战决议》。这是联合国大会连续 8 次通过《奥林匹克休战决议》。政治是奥运会从其母体里面带出来的剪不断的脐带，从一开始它们就血脉相连。百年奥运风云变幻可以使人们更清楚地看到真相，几乎每一届奥运会都会受到国际或者国内政治冲突的影响。

近年来，恐怖主义活动成为奥运会政治干预的新动向，在奥运会的历史上，有过两次恐怖袭击的流血惨痛事件。一次是在 1972 年德国慕尼黑奥运会上，巴勒斯坦恐怖组织“黑九月突击队”袭击以色列运

---

① 任海. 奥林匹克运动［M］. 北京：人民体育出版社，1993 ：225.

② 周爱光. 现代竞技运动中异化现象的类型分析［J］. 体育学刊，2000（5）：23-27.

动员驻地，枪杀 2 名队员、劫持并最后杀害 9 名人质；另一次是在 1996 年美国亚特兰大奥运会期间，奥林匹克公园发生爆炸，造成 4 人死亡、110 多人受伤。这些血案为奥运会的安保提供了前车之鉴。“9·11”事件后，国际奥委会时任主席罗格多次强调，奥运会最大的问题就是安全问题。因此奥运会的承办国高度重视安保问题，相关开支逐年递增。现代奥运会发展到今天，承载了过多的政治希冀，在某种程度上已经沦为政治工具。受“国家主义”和“金牌主义”的影响，现代奥运会赛场成了弘扬国威、振奋民族精神的绝好场所。各国政府试图通过奥运会竞技比赛取胜后达到提高国际声望、增强民族自尊心、增强凝聚力等政治目的。继而各国政府高度重视高水平竞技运动，并对其投入大量的财力和物力。然而，一方面，少数体育精英占用了本国大量的体育资源，使得广大的体育爱好者被拒之价格昂贵的体育场馆门外；另一方面，各国为竞技活动的大量投资相应地减少了对大众体育活动的投入，变相地剥夺了大众体育人口的活动权利。以政治为目的精英竞技活动是以众多训练者的牺牲为代价的。众所周知，现代竞技运动的淘汰率远远超过成材率，能成为人中翘楚的更是少之又少。普通退役运动员的就业问题已经引起不少国家的重视，然而长期的、高强度的、只见运动不见人的训练，对他们的精神和躯体造成了损伤，从某种意义上说他们已经成为奥运会竞技活动者的垫脚石。

3.2.2.2 “过度商业化运作”的异化

物质决定意识，意识对物质具有反作用。作为文化活动的现代奥运会同样会受到物质基础的制约，物质基础对现代奥运会的制约主要体现在金钱上。从 1896 年的第一届现代奥运会开始，这种对资金的依赖就表现得淋漓尽致。因为资金问题，后来的三届奥运会不得不和商业博览会结合起来。一方面，随着规模的不断扩大，举办奥运会所需的经费越来越庞大，给举办城市带来巨大的经济压力。另一方面，奥运会的广告效应使商业进入奥运会变得顺理成章。商业进入奥运会在一定程度上解决了经费问题，但是商业化的发展让组织者难以把握。

1920年的奥运会官方比赛秩序册上几乎布满了广告，导致读者需要费很大的力气才能在上面找到有关奥运会的比赛信息，这让人感到奥运会比赛就是打广告，有些本末倒置；1924年的巴黎奥运会上广告第一次被允许进入比赛场馆，奥运会的商业化发展达到了一个新高潮。自1948年以来奥运会的举办资金逐渐形成了以政府的资助为主，以出售彩票和私人捐助为辅的来源形式。

但是，随着时代的发展，举办奥运会的开销越来越大，从20世纪50年代开始，奥运会不得不允许公司介入。随后，很多公司都争先与国际奥委会进行商业合作，由此出现了赞助商过剩的现象。20世纪60年代中期以来，奥运会作为一种文化商品的趋势已露出端倪，奥运会与经济相结合的势头强劲。随着奥运会规模的扩大，举办奥运会所需的人力、物力、财力等各种资源的投入急剧增加，而原有的筹资方式远远不能满足举办奥运会的要求。1984年洛杉矶奥运会组委会对举办奥运会的经济运作机制进行了大胆改革。该次奥运会由民间承办，政府不予补贴，一切资金自筹。大会组委会主席尤伯罗斯与企业集团签订资助协议，出售电视转播权和比赛门票等。原计划耗资5亿美元的奥运会不但没有亏损而且赢利2.5亿美元，被称为“尤伯罗斯模式”。从此以后“尤伯罗斯模式”成为历届奥运会通行的做法，其实质就是将奥运会赛事作为文化商品纳入市场，通过市场运作来获得比赛经费并赢利。商业化运作确实使濒临绝境的现代奥运会摆脱了经济困境，重新充满了生机与活力，也给国际奥委会、主办国和各商业伙伴带来了巨大的经济效益。但是，奥运会的过度商业化运作给奥运会的发展带来了问题和危机，如对其不重视和及时解决必定会严重阻碍奥运会的健康发展。

电视转播权的转让是奥运会商业化收入的主要来源之一。高额的电视转播权利金给国际奥委会带来滚滚财源（图3-1）。1960年的罗马奥运会开始了出售电视转播权（电视转播权的收益为100万美元），1964年东京奥运会电视转播权的收益为90万美元。1968年的墨西哥城奥运会的电视转播权仅仅卖了5万美元。从1972年慕尼黑奥

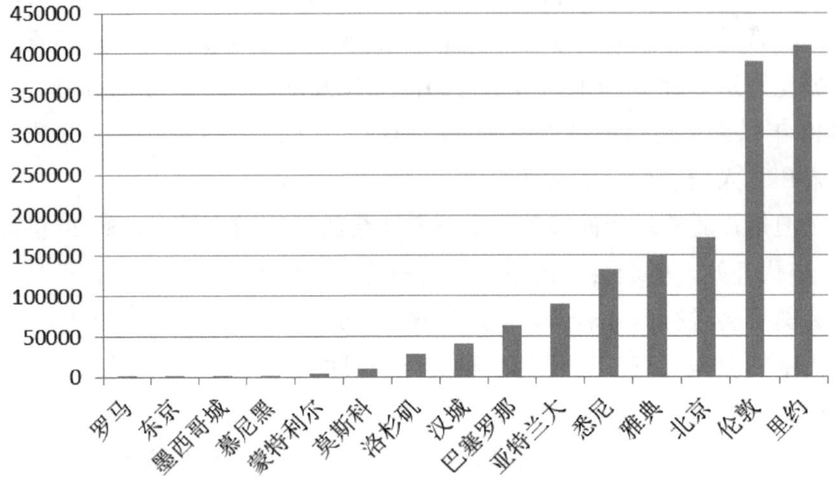

图 3-1　1960 年以来夏季奥运会电视转播收益情况图（单位：万美元）

运会开始，电视转播权的收益开始上扬，达到了 1780 万美元。到 1976 年的蒙特利尔奥运会已达到 3800 万美元，是前一届的 2 倍还多。从此以后，奥运会的电视转播权出让金节节攀升：1980 年莫斯科奥运会电视转播权的收入占本届奥运会总收入的 95%；2000 年悉尼奥运会突破 10 亿美元；2008 年北京奥运会达到 17.147 亿美元；2012 年伦敦奥运会已上升到 39 亿美元；2016 年里约奥运会甚至达到了 41 亿美元。电视转播权的收益成为奥运会举办地最主要的收益之一。

高额的电视转播权利金意味着奥委会组委会权利的出让，为了追求利润的最大化，获得电视转播权的企业会千方百计地按照自己的意愿安排比赛。在 1996 年亚特兰大奥运百年庆典上，出资 4.56 亿美元买下本届奥运会独家转播权的美国全国广播公司，为了追求最大的金钱效应，竟在奥运会安排上起了大权独揽的作用。该届奥运会的马拉松线路根据该公司的转播需要（宣传名胜古迹多的区域）而改成了坡度极陡、有无数上下坡的线路，使运动员的身体消耗达到了极点。而这一切都是为了更好地收取巨额广告费（每30秒广告费50万美元）[①]。再如汉城（今“首尔”）奥运会的许多比赛本来应该在下午或晚上进行，但这正是美国东部时间的夜间，因此组织者不顾其他国家甚至美国队的反对，将比赛改到早晨8点进行，以适应美国东部时间的电视黄金时段。这种更改显然会严重影响运动员水平的正常发挥，干扰竞技运动的正常进行，奥委会的神圣权利遭到践踏。在亚特兰大奥运会上美国将奥运会商业化运作推向了极致。他们把所能招标的项目统统外包出去，也发生了统筹不严密、各自为政等现象，结果出现了奥运会期间奥林匹克公园爆炸、交通住宿条件不佳等诸多问题，严重影响了运动员的正常生活和比赛。

20世纪90年代以来，腐败成为全世界最为关注的焦点问题，奥运会商业化运作带来的巨大利益，使得腐败现象波及奥林匹克组织内部。自从“尤伯罗斯模式”成为历届奥运会通行的做法以来，国际奥委会众委员的道德堤防就处于各种利诱的考验之中，巨大的商业利润无时不在寻找众委员的道德防线突破口。金钱的腐蚀力是巨大的，由于国际奥委会组织缺乏民主监督，终于在1998年底爆发了美国盐湖城申奥丑闻。

现代奥运会历经百年，从某种意义上说，奥林匹克思想构成了这一文化活动的灵魂，如果没有了灵魂，奥运会也就失去了存在的意义。奥林匹克思想表达了人们通过竞技运动对真善美的追求，对世界和平的渴望，对各民族间的互相理解，对团结的向往，对体育道德的推崇。商业化以追求最大经济利益为主要目的，但过浓的商业气氛让人感到奥运会被高价卖给了商人，有损奥林匹克运动在人们心目中的形象。如果处理不当，在商业利润和奥林匹克精神的主旨之间很有可能会出现目标冲突。由奥运会过度商业化引发的腐败、在奥运会赛场上对裁判施以贿赂等丑恶行径，玷污了崇高的奥林匹克精神，更是对奥林匹克理想的亵渎和背叛。

---

① 白成良，喻坚. 影响奥林匹克运动发展的因素分析 [J]. 西安体育学院学报，2000（3）：18-20.

另外，过度商业化的结果致使金牌“含金量”大大增加，体育明星的品牌效应成为商家追寻利润的筹码，许多商家和企业努力寻找奥运会冠军，以优厚的金钱和物质待遇说服其成为“形象代表”和“广告代言人”。在西方国家中，体育明星的收入令人瞠目，职业运动员的收入常常数以千万计。金钱的诱惑在一定程度上引发了某些运动员参赛动机和教练员执教动机的转变，为了奥运金牌、为了金钱，他们可以不择手段，买通裁判，打伤竞争对手，服用违禁药物……过度商业化的炒作还引起了裁判员“执法”动机的变化，奥林匹克运动中的“假球”和“黑哨”等腐败现象已屡见不鲜，这对奥运会公平竞争的理念是一个极大的冲击。这样，随着 “非商业化”原则的瓦解，现代奥运会的过度商业化这一异化现象也日趋激烈。

3.2.2.3 “人文危机”的异化

现代奥运会出现人文危机的典型表现是兴奋剂的滥用。“兴奋剂”作为一个外来词，其英文是“dope”，最早出现在非洲土著民族的宗教仪式上，称为 DOP。1870 年“兴奋剂”一词被收入词典。据考证，古罗马时代就已有人在决斗时使用兴奋剂。也有研究者称，在公元前 3 世纪的古代竞技运动中，运动员就开始食用可以增加力量的菌类植物。该词于 1933 年被正式列入英文词典，1963 年由欧洲体育联合会提出其定义，1964 年 10 月在东京由国际运动医学联合会召开的国际兴奋剂会议上被正式采用。《牛津高阶英汉双解词典》将其解释为有害的药物（例如鸦片）或麻醉剂。由于体育运动中最早使用的是兴奋性药物刺激剂，尽管之后宣布禁用的药物并非都起兴奋作用，如利尿剂、β-阻断剂等，但国际上仍习惯沿用兴奋剂这一称呼。国际奥委会医学委员会给兴奋剂的定义是：比赛运动员使用的任何体外异物，或任何异常剂量的或通过异常途径摄入体内的生理物质，其唯一目的在于以人为的不正当方式提高其竞赛中的运动成绩。

第一次发现兴奋剂的使用是在 1904 年第三届奥运会上，在马拉松比赛中，美国人洛茨首先到达终点，刚获金牌就被揭发在比赛途中偷乘汽车 17 km，冠军由另一名美国选手希克斯获得，但是希克斯后来也被揭露在离终点 7 km 时注射了 2 针药剂并饮用了一杯法国白兰地（后来被认为是混有鸡蛋清的士的宁）。“希克斯事件”成为现代奥运史上第一次有据可查的兴奋剂丑闻。从此以后运动员之间相互效仿，滥用药物之风愈演愈烈。1960 年，第 17 届罗马奥运会上兴奋剂的严重危害开始显露出来。瑞典铁饼运动员布鲁齐因服用兴奋剂精神失常，竟然开枪射击别人，几乎闹出人命。在 100 km 自行车团体赛中，丹麦运动员努德·詹森在赛中死亡。起初人们认为其死亡是炎热所致，后来经过尸体解剖证明是其服用过量酒精与苯丙胺混合剂所致。这就是现代奥运史上著名的“苯丙胺悲剧”。从此以后兴奋剂成为笼罩在历届奥运会上的阴云，奥运会组织者不得不花费巨额的人力、物力控制兴奋剂的使用。在 1968 年的墨西哥城夏季奥运会和格勒诺布尔冬季奥运会上，国际奥委会开始在所有参赛项目上实施兴奋剂检测。但是此类检查不但没有制止服用违禁药物者，反而造成了“药物升级”，从苯丙胺到合成类固醇、红细胞生成素、生长刺激素、微型血液运输泵到现在令人恐怖的“基因兴奋剂”，服药者和检查者之间展开了无休止的兴奋剂使用与反兴奋剂的活动，使用者总是千方百计地寻找新的药物和方法战胜检查系统。

图 3–2 为历届夏季奥运会（1968—2012 年）兴奋剂阳性率统计图。从图中可以看出，1972—1988 年服用兴奋剂之风比较盛行。经过国际奥委会和世界其他体育组织的严厉打击，在 1992 年巴塞罗那奥运会和 1996 年亚特兰大奥运会上兴奋剂阳性率较低，分别是 0.27% 和 0.10%。但是，在 2000 年悉尼奥运会上，大面积的“兴奋剂回潮”现象再次出现。对于“兴奋剂回潮”现象，国际奥委会等体育组织加大打击力度，2008 年北京奥运会的兴奋剂阳性率回落，只有 0.14%；2012 年伦敦奥运会兴奋剂阳性率反弹到 0.19%。从图 3–2 可以看出，夏季奥运会上兴奋剂阳性率的高低大致呈波浪形，这表明奥运会反兴奋剂的斗争应该是长期的，打击兴奋剂的力度应该保持在一定水平，以防“兴奋剂回潮”现象的出现。比赛中使用

兴奋剂是现代竞技运动中表现十分突出的异化现象。兴奋剂的使用践踏了奥林匹克精神，异化了运动员的人性，给社会带来了重大恶果。它是奥林匹克竞技运动损害身心的特殊副产品，是竞技体育职业化和商业化的畸形产物，是体育科学化的怪胎。使用兴奋剂不仅是对运动员誓言的背叛，对《奥林匹克宪章》的违逆，而且是对体育精神的公然践踏，以及对竞技体育文化的粗暴蹂躏，还严重危害了社会的和谐发展。

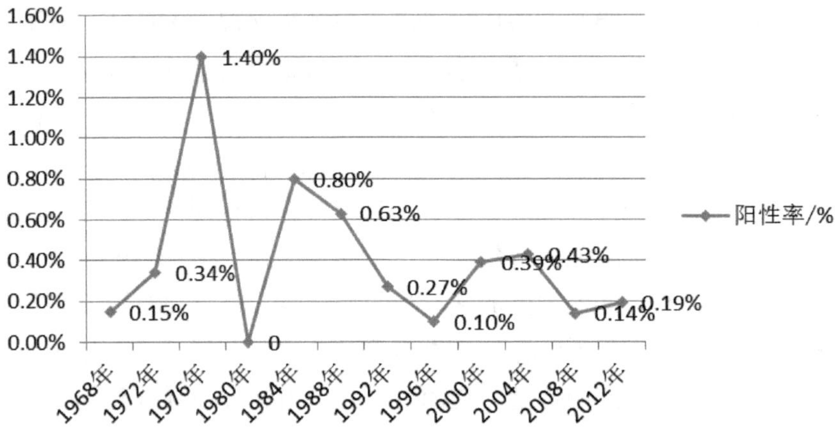

图 3-2　历届夏季奥运会（1968—2012 年）兴奋剂阳性率统计图

3.2.2.4　“超大规模”的异化

奥运会规模问题由来已久，在现代奥运会发展初期，顾拜旦先生就对奥运会出现的成本升高、规模膨胀现象表示过担忧和警惕：“有一个令人遗憾的现象，那就是最近几届奥运会的费用常常过于庞大，其中有相当一部分是用来建造永久性建筑物的，而这完全不必要……”[①]随着现代奥运会规模的不断扩大，国际奥委会前主席罗格指出，奥运会的注册人

① Olympic Games Studies Commission. Report to the 15th IOC Session [R]. The International Olympic Games committee，2003.

员太多了，某些项目的存在也似乎值得讨论。国内外的学者也已经意识到奥运会超大规模问题的严重性。任海教授指出，第二次世界大战以后奥运会的超大规模主要表现在参加奥运会的各种人员数量急剧扩张；这种规模使奥运会的举办超过了世界许多城市在食宿、交通、通信、安全等方面的承受能力[①]。罗伯特·穆勒教授指出："对项目标准理解的误解，导致奥运会项目的复杂与人员的庞杂。"科普克对悉尼奥运会的超大规模问题进行了考察："为期两周的奥运会证明，即便是在新千年里，奥林匹克运动依然为急需解决的问题而困扰，这其中超大规模的问题尤为突出。"

奥运会超大规模的异化还主要表现在参赛国家的增加、参赛项目及参赛人员的增加，以及由此引起的举办奥运会的庞大开支。国际奥委会奥运会研究会的报告表明，奥运会大项、分项与小项的增加是奥运会规模扩大的主要表现。如表 3–4 所示，奥运会的比赛大项已经从第一届的 9 个大项发展到 2016 年里约奥运会的 28 个大项，增加了 2 倍多，从整体上看，出现了逐步增加的趋势。从比赛大项的角度看，造成当今奥运会规模扩大的主要原因在于比赛大项目的逐步增多，现代奥运会前期，由于当时比赛的项目稳定性差，比赛大项的数量有较大波动。伴随着比赛大项的增加，比赛小项的增加更加明显。与奥运大项数量的起伏波动性特征不同，奥运会的小项数量在总体上呈稳步增长的态势，仅在第 8 届和第 9 届两届奥运会上出现过回落。自第 10 届奥运会开始，小项的数量即形成了一路攀升的状态，一直到第 26 届亚特兰大奥运会。任海教授[①]认为，奥运会超大规模形成的时间节点可以追溯到 1988 年汉城奥运会。从这一届运动会开始，奥运会进入快速扩张阶段，这一届总体规模达到参赛国家或地区 160 个，参赛运动员 9417 人，比赛小项 237 个。到 2016 年里约奥运会，总体规模已达到参赛国家或地区 205 个，参赛运动员约 10500 人，比赛小项 306 个，大大超出了国际奥委会认定的控制底线[②]。

---

① 任海. 奥林匹克运动面临的挑战［J］.百科知识，1996（7）：45-46.

② 张红坚. 奥运会的规模控制与可持续发展［J］. 成都体育学院学报，2002，28（2）：33-35.

表 3-4　历届夏季奥运会参赛国或地区、大项目与小项目数量统计表

届次	参赛国或地区数量	大项目数量	小项目数量	届次	参赛国或地区数量	大项目数量	小项目数量
1	13	9	44	18	94	19	163
2	21	24	88	19	112	18	172
3	12	17	86	20	122	21	195
4	22	22	109	21	88	21	198
5	28	15	107	22	81	21	203
7	29	23	166	23	140	21	221
8	44	19	133	24	160	23	237
9	46	14	110	25	169	25	257
10	38	17	126	26	197	26	271
11	49	19	130	27	199	28	300
14	59	17	138	28	199	28	301
15	69	18	149	29	204	28	302
16	67	17	151	30	204	26	302
17	84	17	153	31	205	28	306

奥运会如此大的规模已经为奥林匹克运动和主办国家、地区带来了严峻的挑战。因此国际奥委会前主席罗格提出了在 2012 年伦教奥运会上压缩大项的“奥运瘦身”计划，小项数量上也会相应缩减。“被视为国际关系和行动缩影的奥运会，成为国家力量和平角力的独特舞台，表征着国际关系的结构面向”①，其宏大的场景构成、深沉的历史底蕴、“普世”的伦理价值，不可避免地为民族主义者所“青睐”，并被作为充当整合社会资源、维护“民族共同体”的有利“武器”。在民族主义和奥运会两者政治互动的前提下，派出更为庞大的奥运队伍、夺取更多的奥运奖牌成为民族国家的集体行动策略②。

① ESPY R. The politics of Olympic Games［M］. Berkeley：University of California Press，1979：23-27.

② 熊晓正，王润斌，缪仲一. 奥运会超大规模的困境与消解［J］. 体育科学，2008（2）：18-25.

参赛项目和参赛人数的增加，相应地引起了奥运场馆等基础设施的大量建设，管理和服务人员的剧增，这一切给举办国带来了巨大的经济压力。1998 年日本举办长野冬季奥运会，政府花费了 190 亿美元建造高速火车和滑雪跑道等设施。奥运会后，对场（馆）设施的高额维护费导致了长野经济的大衰退：1999 年长野的制造业产值以 30% 的速度下滑，211 家企业宣布破产，下滑速度创造了第二次世界大战以来地方经济衰退的最高纪录，被称为“长野后奥林匹克衰退”。悉尼奥运会后，市政府不堪奥运会场（馆）庞大且沉重的日常维修养护费用，忍痛拆除了其中大部分场（馆）。在希腊政府向议会递交的 2005 年度预算报告中，雅典奥运会的成本大涨 30 亿美元，达到了 146 亿美元，整个奥运开支总额占希腊国民生产总值的 2.5%，这直接导致了奥运会后的两年希腊预算赤字超过 3%，超出了欧元区《稳定与增长公约》允许的最高比例。

3.2.3 奥林匹克文化危机

3.2.3.1 世界体育文化趋于“同质化”

所谓“文化同质化”是指弱势文化逐渐趋同于强势文化，是文化趋于相同或一致的一种现象和趋势。奥林匹克运动现在正以一种巨大的影响力走向全球，能成为奥林匹克运动中的一员，成为各个国家梦寐以求的愿望。众多国家也都在使尽浑身解数去争夺奥运会的举办权，为了获得举办权、为了参与其中，不惜以改变自己的文化为代价，努力去迎合西方文化、努力追寻西方人制定的标准。这样一来，世界各国的体育文化被西方文化“修剪”得整整齐齐，到哪都能看到西方的影子。与此同时，强势文化还借助经济上的强力不断地向弱势文化施加影响，使之服从和趋同于强势文化，这样一来，民族文化的传统特征开始变得日渐模糊，世界体育文化的“同质化”成为一种趋势。没有了多种色调的渲染，人类文化逐渐变得单调乏味、苍白无力。例如，奥运会上各种大小型运动竞赛的举办，基本都是模仿甚至是照搬西方的比赛模式，都带着浓厚的西方色彩，一些比赛项目也都是西方的项目，竞技内容也都以西方竞赛项目为主，具有各国民族特征的体育项目基本上都处于一种“失语”的状态，这种“失语症”最终还可能会发展成“失声症”，这样所导致的结果将会是：多样的民族体育文化不被世人所知；文化的单一化变成世界文化的主要形式；文化的多样性丧失；没有了文化的多样性，也就没有了文化创新，没有了创新，世界的发展也将变得停滞不前。

3.2.3.2 体育文化霸权主义的推行

文化认同的实质是多向的，单一文化的认同不仅不利于文化的发展，而且还阻碍奥林匹克文化以飞快的速度走进千家万户。人们都期待着它的到来，期待着自己国家的文化能在四年一度的奥运盛会中得到充分的展现。但文化霸权主义打破了人们的这一念想，它的推行违背了文化平等性和自主性的原则，人们丧失了自由支配自己文化的权利，文化主权遭到侵犯，自己的文化也遭到了歧视，这些势必会引起民族国家的愤怒，从而引起国际争端与冲突，甚至会带来国际战乱，给世界和平造成威胁。因此，对西方体育文化的单一认同，不仅会助推西方文化霸权，还会给世界和平的维护带来不利影响。所以，只有保持相互间的文化认同，加强多元文化认同，才能有机会消除文化霸权，才能实现奥林匹克文化的多元化发展，才能保障奥林匹克文化的良性运转。

3.2.4 奥林匹克文化发展的障碍

3.2.4.1 陈旧心理惰性下的欧洲中心主义

多元文化视域下奥林匹克体育文化的发展，在一定程度上受制于陈旧心理惰性下的欧洲中心主义思想的影响。为满足普遍性的要求，需要去直面、正视这一问题。2016 年里约奥运会，有 205 个国家和地区的运动员参加，有30多亿人观看了开幕式，超过全球总人口的半数[①]。从这一数据可以看出，奥林匹克运动具有很强的普遍性，但这种体现在奥林匹克运动本身的文化包容性并不代表人们的思想开放性以及对体育文化的理解。以国际奥委会为例，其中西方人占总人数的70%以上，在这些人心中对于文化多元性的认知不足，势必会受制于欧洲中心主义思想的影响，从而对奥林匹克体育文化的多元化发展产生严重的影响。并且现代奥运会的运行模式以及竞赛机制，在近百年的发展历程中并未受到影响，这些都有助于西方体育运动及体育文化的发展。因此，经济全球化背景下奥林匹克体育文化的发展受制于陈旧心理惰性下的欧洲中心主义的影响。

3.2.4.2 非西方国家对奥林匹克文化竞争不够重视

自2008年北京奥运会之后，我国对于奥林匹克运动本身有了一个全面的认知。但对于广大非西方国家而言，参与到奥林匹克运动之中的最终目标是为国争光，赢得奖牌，而且对奖牌的追求已经到了近乎狂热的状态，这种状态对于深刻理解奥林匹克运动本身的价值会有所影响。奥林匹克运动涵盖了两个层面的内容：其一是表面层次的竞技比赛，其二是深层次的体育文化竞争。后者涵盖前者表象层面的内容，但在社会发展中，非西方国家并未对奥林匹克运动的文化竞争给予应有的关注[②]。换言之，奥林匹克运动实则是一种文化的发展模式与发展形态，广大非西方国家的体育文化内涵丰富，具备不同的发展特征，蕴含着深刻的东方哲学思想，其展现出的文化价值不可替代。因此，如何在多元文化的视域下协调好本民族的体育文化与奥林匹克体育文化，寻求共性，还需要去解决对文化竞争不够重视的问题，从而实现体育文化的交融。

① 蔡卫清. 从里约奥运会看当下“互联网+体育”的文化表征［J］. 安徽工业大学学报（社会科学版），2016，33（5）：113-116.

② 马奎尔，杨. 理论诠释：体育与社会［M］. 陆小聪，译. 重庆：重庆大学出版社，2012：55.

3.2.4.3 民族体育的个性表达不突出

伴随着经济全球化进程的持续推进，世界范围内的文化交流日益密切。奥林匹克运动在这种大背景的推动下实现了迅猛发展，影响以及辐射范围也明显增加，成为世界体育的最高形式。在奥林匹克运动的影响范围内，本民族的体育文化不得已会经受西方体育理念的改造，其个性化特征以及个性表达方式逐渐丧失，出现文化等级差异①。在一个与西方国家体育文化非平等交流的环境下，非西方国家体育文化的主体价值容易被消磨与改造，基本处于一种文化“失语”的状态之中，原有的体育文化逐渐开始模仿西方体育文化，以便为融入奥林匹克体育文化不断努力。但不可否认，虽然民族体育可以与奥林匹克体育文化更好地融合，但民族体育文化所展现出的独特内涵会逐渐丧失，个性特征也会被消磨干净，最终丧失文化的竞争权，从而在多元化视域下丢失自身的主体地位，对本民族体育的发展产生消极影响。

3.2.4.4 民族体育文化的建设与发展滞后

民族体育文化的建设与发展滞后，一定程度上反映出本民族体育事业的发展高度。想要建设先进性的体育文化，则需要坚持科学、健康的发展目标，以广大人民群众为核心去全面优化体育文化内容，形成一种推动社会发展的体育文化内涵。无可厚非，奥林匹克体育文化是体育文化的集大成者，将世界范围内的体育文化进行全面整合，决定着世界范围内体育文化的发展走向。为实现这一目标，世界各国都在探索民族体育文化的先进性发展方向。但是从东方民族体育的发展现状以及发展模式来看，其还停留在模仿与借鉴层面，并未走出一条适合自身发展的道路，民族传统体育的弘扬与培养并未得到充分开发，最终导致民族特色不足，传统体育文化建设出现滞后性问题②。

---

① 弗里德曼. 文化认同与全球性过程［M］. 北京：商务印书馆，2003：124-126.

② 罗伯森. 全球化：社会理论和全球化文化［M］. 梁光严，译. 广州：花城出版社，2000：78-80.

3.3 个性化发展：奥林匹克文化多元化的必然要求

3.3.1 阐述奥林匹克文化发展的应有之意

随着时代的发展，人类所需要的文化认同不再是以前的那种唯我独尊的单一认同，而是在以自我文化认同为前提的情况下，积极主动地吸收来自其他不同民族的优秀文化，实现各种文化间的多元认同与个性化发展。通过吸收和认同“他者”文化，不断地丰富和发展自己的文化；而不是像某些西方国家那样固执地认为自己的文化是世界上最伟大、最优越的文化，对“他者”文化不屑一顾，这种偏见不仅会封闭自己，还会为本国文化的生存带来障碍。奥林匹克文化更是如此。个性化发展在奥林匹克文化发展过程中是必不可少的，对奥林匹克文化自身的发展有着重大而深远的意义。

首先，有利于实现奥林匹克文化的多样化。当今世界是一个多元文化的世界，以往的闭关锁国已经脱离了时代发展的需求，文化霸权和文化帝国主义也遭到了人们的唾弃。人们渴望和平，渴望发展，渴望一个多元文化共存的世界。正如日本学者青木保①在《多文化世界》一书中写道：“我们所期待的世界是一个通过异文化间的相互接触、交流和融合，提升各种文化力量，促使它们发挥彼此的文化魅力，帮助人们更充实地生活和工作的世界。”文化个性化发展的实现需要人们树立一种新的、多元的文化认同观。所谓多元文化认同，简单地可以概括为：人类在各种文化交流和碰撞的过程中，广泛地吸收和认同各种优良文化的行为。多元文化认同并不是意味着让人们失去自己的文化立场。它强调的是在自己国家核心文化认同的基础上，努力汲取和吸收各种优秀的传统文化，实现一种“和而不同”、多种文化和谐共存的繁荣景象。

---

① 青木保. 多文化世界［M］. 唐先容，王宣，译. 北京：中国青年出版社，2008：129.

对于奥林匹克文化而言，文化个性化发展这一理论更为突出和重要。奥林匹克运动是属于世界人们所共有的一项活动，它隶属于每一个人，如果像西方人那样只是想借此单纯地推崇一种文化，可能会引起世人的不平，导致冲突和战乱的产生。因此，文化的多元化与个性化成为奥林匹克运动的内在需求。随着时代的发展，个性化与多元化需求不管是对奥林匹克文化的意义还是对各国民族体育文化的意义都开始变得日渐突出。例如，奥林匹克的多元化能够维系奥林匹克运动的良性运行，能够促进整个人类体育文化的向前发展，能够保护世界文化的多样性，等等。但不管怎样，奥林匹克文化个性化的实现都离不开“文化认同”这个首要前提，也就是说，人们只有认同了才愿意接纳，个性化的实现才有希望。随着奥林匹克运动的发展，虽然有越来越多的文化参与进来，但西方体育文化绝对主导的地位还是一直没有改变，多元文化平等交流的局面也并未形成。其中最主要的原因就是奥林匹克多元文化认同的问题没有得到较好的解决，即掌控奥林匹克运动的西方国家还是不愿意打破心理界限、接受异文化。这种从心理上对异文化的排斥成为文化个性化发展进程中难以突破的最大障碍。多元文化认同是奥林匹克文化个性化的基础，多元文化认同如果能够得到较好的解决，奥林匹克文化的个性化发展也就指日可待了。

其次，有利于创新和丰富奥林匹克文化。奥林匹克文化如今已经成为一种跨越国家和民族界线的世界性文化体系，它的存在已经不能再仅仅局限于对西方体育文化的单一认同，而是要实现一种东西方体育文化大交融的多元文化认同。东西方体育文化不断交流与融合，在不断促进奥林匹克发展的同时，也为奥林匹克文化的创新提供了能量和动力，极大地丰富了奥林匹克文化的内容。多元体育文化认同的实现有利于为奥林匹克文化个性化发展注入更多的新鲜血液，使奥林匹克运动更加充满活力。此外，文化的多样性与个性化是奥林匹克文化创新的前提，奥林匹克文化要想发展就需要不断地吸收新文化、理解文化间的差异、尊重文化的多样性、包容民族文化的个性，才能为奥林匹克文化的创新提供更大、更广的空间。

最后，有利于奥林匹克文化的可持续发展。多种文化融合是奥林匹克文化可持续发展的前提，现代奥林匹克运动要想更具世界性，更具普遍性，要想真正实现奥林匹克运动的跨文化传播，让世人接受，西方国家作为奥林匹克运动的主导方，在奥林匹克文化的发展过程中就必须积极地接受和认同各个国家、民族的不同文化，尊重文化的多样性，加强文化的多元认同，将各种优秀的文化积极纳入奥林匹克运动中，只有这样才能得到更多国家的参与，奥林匹克运动的可持续发展才能维系。另外，“文化认同往往不是单一文化形式既连贯又一致的选择，而是多重利益话语的拼接物”[①]。

随着奥林匹克运动在世界范围内传播，文化个性化发展涉及更多的还是自身利益方面的问题。西方国家作为奥林匹克运动的掌控者，之所以在奥林匹克发展过程中一直坚持对西方文化的单一认同，最主要的还是为维护自己文化的利益。但奥林匹克文化的可持续发展离不开全球各个国家文化的共同呵护，只单纯地维护一方的利益显然是行不通的。只有更多的文化在奥林匹克运动中找到自己的身影，奥林匹克运动才会得到更多的支持，奥林匹克运动的可持续发展才会越有保障。

3.3.2 体现文化平等，夯实奥林匹克运动赖以生存的根基

西方体育文化一直以强者文化自居，认为自己的文化要优于其他的任何一种文化，但西方国家也曾有这样一句谚语：“文明来自东方。”[②]美国的历史学家威尔·杜兰先生[③]也曾指出，今天的西方文明，也可说是欧美文明，与其说起源于克里特、希腊、罗马，不如说起源于近东。古西方人因善于博采众长、吸收、加工、融合才形成了西方文明。由此可见，西方文明的成长也离不开“学习”、推陈出新，在长期与东方

---

① 郑晓云. 文化认同与文化变迁［M］. 北京：中国社会科学出版社，1992：22.

② 费孝通. 文化自觉和而不同：在“二十一世纪人类的生存与发展国际人类学学术研讨会”上的演讲［J］. 民俗研究，2007（3）：5-14.

③ TODOROV T. The morals of history ［M］. Minneapolis： University of Minnesota Press，1995.

世界的接触过程中，不断地对近东文明进行借鉴。西方国家一直都喜欢将“开放”作为自己国家的优点，但他们似乎更愿意对新事物而不是异质事物开放，但在经济全球化的时代，“开放”的定义或许应该更多地界定在对异质事物的开放上，因为在现今东西方文化交流的过程中，西方推崇的文化霸权与文化帝国主义，遭到了越来越多人的极力反对，很明显已经行不通。当今世界人民都渴望和平，多元文化并存是维护世界和平的又一重要形式，人们对文化霸权和文化帝国的反抗说明了推崇这些的国家应该扭转，也必须扭转文化发展的道路，不要总想着去“同化”谁或“吞噬”谁，也不要一味地以自我为中心或一味地认为其他文化都应该、也必须向自己的文化看齐。因为，在经济全球化过程中，多元文化共存已经成为一种必然趋势，不管是“西方中心”，还是“欧洲中心”都是不对的，人们为了维护和平都在高度警惕文化霸权主义和文化中心主义，因此要想在当今世界立足，就必须以真正开放的态度，接受多元文化认同，放弃对自己文化的单一认同观，这对世界和平、对西方国家的发展都具有重要的意义。

经济全球化时代是一个开放的时代，任何一种文化的发展都离不开文化间的沟通与借鉴，西方文化的发展亦是如此。吸收和学习异文化对东西方文化的进步都具有重要意义，但“吸收”是建立在“文化平等”基础之上的，因为“能认同异文化，才能吸收异文化中的有益成分以充实自己，获得新的发展”[①]。如果不能以包容的心态平等对待来自其他国家和民族的文化，那么文化之间真正地实现交流就会变得十分困难，也会影响文化的健康发展。因此，文化平等，尤其是对多元文化的认同对西方体育文化的生存和发展都具有重要意义。

3.3.3 强调“和而不同”，实现奥林匹克运动的目标和追求

奥林匹克运动为自己确定了世界和平维护者的角色。正是这种高尚的目标使得这一运动博得全世界人民的尊重。然而我们应当清醒地

① 孔繁敏. 奥林匹克文化研究［M］. 北京：人民体育出版社，2005：30.

看到，经济全球化使影响国际关系的因素发生了巨大变化。经济全球化及其背景下的发展，客观上要求各国放弃那种自以为是的意识形态主张，放弃简单的意识形态对抗立场。这使得“软权力”的文化因素在国际关系中的地位越来越突出。因此以冷战结束为契机，意识形态因素在国际关系中的作用明显下降，被称为“软权力”的文化因素成为国际关系中的亮点。甚至有西方著名学者指出，对当今国际关系起推动作用的不再是权力和安全问题，而是文明特殊性的功能与机制，国际冲突将主要由文明的差异所引起。

但是，奥林匹克运动向全球推进的过程中，却伴随着以西方体育文化为中心，非西方体育文化向西方体育文化靠拢的现象，体育的全球化实际上变成了体育的欧美化。这一现象受到了越来越多人的批评，奥林匹克文化多元化问题成为人们争论的焦点。奥林匹克运动要想在经济全球化时代继续成为维护世界和平的使者，就必须处理好多元文化及文明之间的关系。而最好的解决办法就是“建立世界范围内文化关系的多元一体格局，在全球范围内实行和确立‘和而不同’的文化关系”[①]。奥林匹克运动必须以尊重个性化发展为前提，使自身文化多元化，使之成为全人类各民族体育文化展示的大舞台，而不是歌颂西方体育文化的独唱会。这关乎奥运会的前途，因为可能“奥运会将因没有实现它所宣称的促进人类和平、维护人类权利的理想，而理所当然地说，奥林匹克主义的追求被终止”[②]。

“世界先进文化是符合社会发展方向和人民愿望的文化，是人类社会发展中产生的具有积极指导意义的催人向上的文化。”[③]自冷战结束之后，世界政治和经济已经出现了多极化的发展趋势，世界不再是“一个中心”“两个中心”，而是“多个中心”。相应地，在文化领域，文化

---

① 余静，蒋艳阳. 民族传统体育文化与现代奥林匹克文化的融合：奥林匹克文化多样性的研究视角［J］. 广州体育学院学报，2007，27（5）：40-42.

② TODOROV T. The morals of history［M］. Minneapolis：University of Minnesota Press，1995.

③ 孔繁敏. 奥林匹克文化研究［M］. 北京：人民体育出版社，2005：30.

多元化是世界文化的发展趋势。文化多元化代表了世界上绝大多数国家的利益，代表了人类文化的发展方向。因此，世界先进文化必须符合文化多元的要求，奥林匹克文化要成为世界先进体育文化也必须实现文化多元，发展个性化社会。奥林匹克运动的最终目的是为建立和平和更美好的世界做出贡献，即培养身心和谐发展的人，以此为基础建立一个维护人的尊严的社会，进而建立和平和更加美好的社会。然而，和平的前提是平等，平等必然包括文化上的平等，而要让世界上各种不同文化的人，也就是怀着不同价值观念的人，在这个经济和文化上越来越息息相关的世界上和平共处，最好的办法就是在全球范围内实行和确立"和而不同"的文化关系，文化发展的前景应当是"各美其美、美人之美、美美与共、天下大同"。

3.3.4 凸显个性化，助力奥林匹克文化成为世界先进体育文化

体育文化作为文化的一种形式，它的进步同样也需要汲取外来各种文化带来的营养成分。一种文化之所以会被淘汰，只能说明它还不够强大，也只能说明在其发展的过程中，没有找到更好的生存之道。东方一些传统的体育文化可能在西方强势文化的冲击下，正处于一种被世人忽视的状态。不过，文化实力提高了，才能为传统体育文化的生存和发展贡献力量，才能将东方的传统文化带入全世界，被世人所知。

文化个性化蕴涵的关键词是"自性""他性"和"类性"。因此，文化个性化发展对东方传统体育文化的生存、发展和创新都有着积极重要的作用。"当前，奥林匹克文化带有浓重的西方色彩，威胁到东方传统文化的生存。文化的单一化会导致诸多领域中的社会位移，使人们陷入恐慌之中，对生活产生脱离轨道和疏远的感觉。"[①]显然，奥林匹克文化给东方传统体育的存在带来了一定的冲击，但是任何一种文化的存在和发展都离不开与其他文化的接触和交流："跨文化是文化修

---

① 费孝通. 文化自觉和而不同：在"二十一世纪人类的生存与发展国际人类学学术研讨会"上的演讲［J］. 民俗研究，2007（3）：5-14.

养的要素。”[①]也许“冲击”会变成一种动力，不能因为“冲击”的出现，而故步自封。而且，文化的发展与创新都离不开不同文化之间的相互借鉴。虽然有些学者认为西方强势文化的入侵，使东方国家对本国文化的认同有些动摇，但是文化本土化、个性化的力量也是不可低估的，文化根源的力量也是不可小觑的。以中国为例，人们始终在坚守着自己的文化，而且在保护本国传统文化的基础上，不断地学习和借鉴西方文化，也没有因为强势文化带来的压力望而却步，而是更多地意识到，要想强大，就必须走向世界，也必须虚心接受和认同强者文化带来的益处。中国改革开放带来的繁荣、加入世界贸易组织带来的昌盛、2008 年奥运会在中国举办带来的活力，都有力地说明了文化间的交流和融合对一个国家的文化进步有着举足轻重的作用，也会让一个发展中国家重拾文化的“话语权”，对本国文化的保护也有着重要影响。

总之，奥林匹克运动的开展为世界不同民族的体育文化意识和形态的交融提供了广阔的平台；为各国体育文化的个性化表达带来了机会；给东方各国民族体育文化的新发展提供了契机；促进和加强了东方非主流体育文化发展的自觉和自醒；同时奥林匹克文化也以多元化与个性化的发展，迈向世界先进文化的行列。

3.4 奥林匹克文化个性化发展的案例研究

3.4.1 第 29 届北京奥运会：中华民族文化的个性化阐述

3.4.1.1 奥林匹克文化与中华民族文化的邂逅

自从 1992 年在北京成功举办亚运会之后，1998 年北京正式向国

① 吐依，维尔．真实的奥运会［M］．朱振欢，王荷英，译．北京：清华大学出版社，2004：274.

际奥委会申请承办第29届奥运会，并于2001年7月13日申办成功。为了奥林匹克与中华民族的这次邂逅，许多人默默地努力与付出，这条相遇之路我们走得风雨兼程，但我们却从不退却与放弃，因为我们的背后有日益强大的国家和团结一心的人民。于是被国际奥委会时任主席罗格先生赞誉为“真正的无与伦比”的第29届北京奥运会如约而至，在充满神奇魅力和精神寓意的16天中，为全世界人民留下了无数美好的回忆，同时也为奥林匹克文化的发展留下了一份独特的文化遗产。

中国传统文化是人类最早期的文化源头之一，从洪荒远古一直发展到今天，是人类唯一没有中断过的文化。英国历史学家阿诺德·汤因比在《历史研究》这部著作中对中华文明的世界价值做出了深刻阐述:“在世界四大文明中，其他三大文明都已经中断或衰落，唯有中华文明傲立世界五千载而绵延不绝。”这种强大的生命力、融合力、延续力和凝聚力，是中国文化的一个重要特征。在中国社会运行机制中所奉行的儒家的以德治世，道家“知足”“知止”的观点，人类活动中“天人合一”的思想、“神形具备”的原则，“习武先修德”的传统等正是现代奥林匹克运动所缺少的。博大精深的中华民族文化足以为现代奥运会提供足够的滋养和支撑，缓解或消除现代奥运会的异化现象。

近代以来中华民族处于被西方列强瓜分的境地，西方文化也随着列强的侵入涌进中国，中西方文化开始了实质性的接触和碰撞。西方发达国家以其强大的经济实力和先进的科学力量为依托把持着文化交流中的主动权，控制着文化交流中的流量、流速、流向乃至所传递的文化的信息和性质。西方体育作为西方强势文化的一部分也在19世纪末传入中国，并逐渐取得了中国体育的主导地位，对中华民族的传统体育形成了挤压之势，并以其特有的价值观逐渐成为我们社会体育发展的主流。而我们的民族传统体育项目发展的规模和速度却在不断地萎缩。时至今日，奥运赛场上见不到源于中华民族的项目，轰轰烈烈的学校体育、社区体育活动中我们自己的东西也较少。中国传统文化作为中华民族的标志、作为国家“软力量”正身处被西方体育文化侵蚀、同化的境地。与奥运结合、借助奥运会这一体育平台是中国传统文化崛起的着力点之一。

3.4.1.2 中华民族文化的个性化表达

北京奥运会从申办理念、口号到会徽、吉祥物、火炬、奖牌，从中国印到福娃、祥云，到“金镶玉”，再到开幕式表演，都无一例外地蕴含着丰富的中国文化元素，具有浓郁的中国特色，表现出强烈的民族风格，是借奥运之机最佳的表达中华民族文化个性化的方式。

（1）北京奥运会的中国理念。

北京奥运会提出的“绿色奥运、科技奥运、人文奥运”三大理念及其实践意义十分深远，是对奥林匹克精神的最好体现，也是北京对奥林匹克的独特贡献。中国文化、中国精神、中国气派与奥林匹克精神的融合与互动，将成为多元文化交融互补的奥林匹克精神的重要组成部分，成为奥运史上珍贵的文化遗产。

“绿色奥运”倡导的是一种生活方式，首先是一种生态方式。据统计，在筹办北京奥运会过程中，采用的“绿色”技术达 358 项，其中水资源保护技术 121 项，新能源利用技术 69 项，节能技术 168 项。仅节能技术的普遍采用，就让北京奥运会所有比赛场馆在运行时可节能 50%，所有的居住设施可节能 65%，每年可减少二氧化碳排放量 5.7 万吨。北京奥运会的科技含量举世瞩目，让北京奥运会成为一次真正意义上的环保奥运会。很多人的生活习惯乃至政府决策都因绿色奥运这一理念而改变：污染严重的工厂迁出了市区，绿色环保的消费品进入了千家万户，公共场所禁止吸烟，禁用超薄塑料袋……绿色环保已成为中国公民生活中重要的文明标志。

北京奥运会的主场馆“鸟巢”就是一件充满人文理念的建筑作品（图 3–3），它的名字时刻提醒人们这里是奥林匹克选手温暖的家：入场时的导视路标、为残疾人设置的无障碍设施、看台的分层设置保证每个观众的最佳视角，这一切都真正体现了这是一届“以人为本”的奥运会。正因如此，北京奥运会得到了全国人民的真心支持，人文奥运的理念真正体现了中国文化的独特内涵。科技是生产力的理念早已融入了奥运场馆的建设之中，所以“科技奥运”体现了北京奥运会要进入世界一流主办单位的决心。“科技奥运”的指导思想让中国真正走上了体育科技产业化的道路。奥运场馆的建设无一不凝结着无数科技工作者的心血和汗水：“鸟巢”的巨型跨度钢结构、国家游泳中心“水立方”的梦幻蓝色（图 3–4）、LED 照明新技术的运用、ETFE 膜结构装配系统、室内环境系统、智能救生系统等都包含着无数的科技奥秘，这一切都打上了“中国制造”的烙印。

图 3–3　鸟巢

图 3–4　水立方

我国著名的东方文化学家季羡林先生[①]曾用两句话来诠释“人文奥运”的内涵：“人文奥运就是两句话，一句是宣传中国优秀文化，一句是吸收外国优秀文化。”作家冯骥才[②]强调，作为东方文明古国，中国要通过奥运会把中华民族的文化、精神、气质留在奥运的历史上。中国人民大学人文奥运研究中心执行主任金元浦指出“人文奥运”体现东方文化，特别是中华文明对奥林匹克精神的开拓与发展。中国传统的和合文化观经过现代转换，对当代西方世界具有重要借鉴和启示意义。和平、和谐、和爱、和美所包含的天人合一、以人合天的和谐自然观是对奥林匹克更

---

① 崔乐泉. 奥林匹克运动与文化艺术［M］. 北京：大众文艺出版社，2000：109.

② 赵亮，刘晓丽，李大新. “人文奥运”背景下的当代高校思想道德教育［J］. 安徽体育科技，2007（4）：8-10.

快、更高、更强的竞技文化的生动补充。“人文奥运”是2008年奥运会的主题之首，所谓“人文奥运”就是奥林匹克精神的人文性，即以人为本。“人文奥运”的理念引导人们关注竞技场上不仅仅只有金牌，并非只有一大堆数字化的运动成绩，还有更多值得我们关注的元素即尊重、友爱、和平、永不放弃、健康向上的奥运精神。

（2）北京奥运会标识物的中国愿景。

北京奥运会会徽“中国印·舞动的北京”（图3–5）将中国传统的肖形印、中国文字和运动特征有机结合起来，巧妙地幻化成运动的人形，形似现代“京”字的神韵，以古朴、稚拙的传统文化艺术形式，表达着历史的深沉和神秘美感。北京奥运会火炬的“祥云”图案（图3–6）高雅华丽、内涵厚重，“渊源共生、和谐共融的祥云”“曾经推动世界文明发展的纸卷轴”“源自中国汉代的漆红色”“充满动感活力的中国印”等火炬所蕴含的中国元素，向世界传递着祥和文化，传递着东方文明，传递着中华民族自强不息的民族精神，使得古老的东方文明和现代的奥林匹克精神再一次完美结合。奥运会奖牌“金镶玉”（图3–7）的灵感来自中国玉文化，玉是集天地之灵气，是中国礼仪文化的体现，金玉结合体现了中华民族的价值观。中国由古代龙纹玉璧和传统玉双龙蒲纹璜挂钩装点的奖牌尊贵典雅，民族特色浓郁，彰显了“玉”的高贵品质，喻示了中国传统文化的“金玉良缘”。北京奥

图3–5　北京奥运会会徽

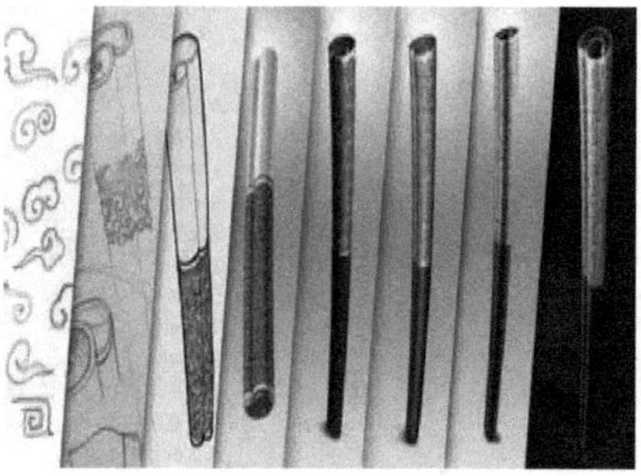

图3–6　北京奥运会火炬

运会吉祥物“福娃”（图 3–8），以中国民间祈求多子多福的工艺品为表现形式，将中国民族文化与现代奥林匹克文化有机结合起来，蕴含着丰富的中国文化元素，具有浓郁的中国特色，并应用中国传统艺术多方位展示了中国的灿烂文化。

图 3–7　北京奥运会金牌

图 3–8　北京奥运会吉祥物

（3）北京奥运会开幕式的中国元素。

北京奥运会开幕式将“中国文化”蕴含的独特深厚的语言文字，浩瀚广博的历史典籍，先进悠久的科技工艺，智慧玄妙的哲学宗教，多彩博大的文学艺术，深刻质朴的道德伦理，凝练成中国民族文化的元素符号，借助于艺术性的表现手段进行整合与创造，向世界人民呈现了一场“无与伦比”的文化盛宴，也给奥林匹克运动留下了一笔宝贵的文化遗产。北京奥运会开幕式处处闪现出中国古老文明的元素。从中国古代的四大发明到丝绸之路，从具有中国特色的戏曲到太极拳，北京奥运会开幕式把丰富的“中国元素”呈现在世人面前，让世界看到了一个充满文化自信的中国。

坚持“用世界语言讲述中国故事”是北京开幕式的主要艺术风格。开幕式上，29 个巨大的焰火脚印（图 3–9）引领着世界的目光，沿着北京的中轴线，从永定门、前门、天安门、故宫、鼓楼一步步走向奥运会主会场，象征着第 29 届奥运会一步步走进北京、走进中国。中国古代四大发明——造纸术、活字印刷术、火药、指南针，传统工艺和艺术——竹简、击缶而歌、京剧、太极，被称为世界上“第八大奇迹”的秦始皇兵马俑，古老的丝绸之路和郑和下西洋的“海上丝绸之路”（图 3–10），《清明上河图》等，一一穿越历史，来到现代，后以三个巨大的“和”字展现在世人眼前（图 3–11），令所有人都能深刻体会到孔子的人文理念——“以和为贵”。

图 3–9　北京奥运会开幕式的焰火脚印

图 3–10　北京奥运会开幕式上的“海上丝绸之路”表演

图 3–11　北京奥运会开幕式上展示的“和”字

北京奥运会开幕式的文艺表演名为《美丽的奥林匹克》，由《灿烂文明》和《辉煌时代》两个篇章组成。

开幕式上篇的古典印象由《画卷》拉开了文艺表演的序幕，这是最具匠心的构思之一（图 3–12）。当一幅“卷轴”神奇地缓缓展开的时候，一幅巨大的中国画卷展示在人们眼前，演员、画卷已经揉为了一个整体：你中有我，我中有你。人在画中行，画随人意走，画卷上舞者在卷中央的白纸上，以身代笔，轻盈飘逸，以中国美学写意的方式，画出了中华民族文化的神韵。当代中国的勃勃生机在绚烂的色彩中得到淋漓尽致的展示，用富有创造性的当代艺术表现形式，赋予开幕式以现代性和国际性的风貌。这张高科技的现代“纸”是对中国古代四大发明之一“纸”的礼赞，高科技自然而然的融入完美地体现了北京奥运会“科技奥运”的理念。

图 3–12　北京奥运会开幕式上《画卷》表演

开幕式下篇展现现代意象的《梦想》文艺表演展示了北京奥运主题“同一个世界，同一个梦想”。“同一个世界，同一个梦想”的主题思想带领着人们在星光闪烁的太空中追逐一个美丽的“梦想地球”（图 3–13）。人们张开双臂在地球上自由地奔跑、翻转、腾挪，仿佛在追逐他们的梦想；而地球在光幻的作用下，变换着美丽的色彩，出现了不同的图案，如此绝妙的创意用最直接、最易懂、最漂亮的身体语言创造出一种生动、形象、唯美效果：在同一个世界里，人们怀着同一个梦想，追逐着美好的未来。

图 3–13　北京奥运会开幕式上展示的“梦想地球”

开幕式文艺表演的结束部分，英国著名女歌手莎拉·布莱曼和中国著名男歌手刘欢演唱了北京奥运会开幕式的主题歌《我和你》（图 3–14）。这首歌是既有国际特色，又有浓郁的中国风格的一首歌曲。北京奥运会开幕式文艺表演为近 10 万现场观众和全世界数十亿观众，奉献了一场精彩绝伦的华彩乐章，重点展示了中华民族的悠久历史和灿烂文化、当代中国改革开放的建设成绩和当代中国人民的精神风貌，充分体现了民族特色和时代特征。

图 3-14　北京奥运会开幕式主题歌演唱

北京奥运会开幕式上的中国元素，深刻体现了人文奥运所蕴含的和谐价值观。“天人合一”“和为贵”是中国人民自古以来对人与自然、人与社会、人与人和谐关系的追求。而和平进步、和谐发展、和睦相处是全世界一切爱好和平的人的共同理想。开幕式上的中国元素极好地表达了中国是一个拥有五千年文明历史的大国，中国人民希望与世界各国人民一样同享文明成果、携手创建美好家园的崇高理想；表达了一个正在大步走向现代化的伟大民族正致力于和平发展的事业；表达了中国人民要为建立一个和平而美好的世界做出贡献的心声。

3.4.1.3　中华民族文化的个性化培育

中华民族文化个性的定位必须以世界历史进程和经济全球化时代为基本的参照依据，以自身的文化存在为考量。我们必须从文化的时代性和世界进程着眼，实现中华民族文化的现代转化，只有在现代化实践中才能通过民族自强，真正实现民族独立和交往中的自主权，重塑自己的民族身份。

中国人民大学人文奥运研究中心执行主任金元浦认为，围绕人文奥运，我们可以充分开发中国传统文化资源，展示中华文明，尽显东方神韵，创造性地实现奥林匹克文化与中国文化的交流和融合。北京奥运会是一个进一步激活中国文化魅力的难得机会。中国人民大学教授陆贵山认为，北京奥运会正是搭建了这样一个“让世界理解中国，让北京触摸世界”的平台，也打开了向全世界介绍中国文化、介绍中国改革开放30年成就的一扇窗口。奥林匹克文化研究专家熊斗寅认为，和谐的观念是中国思想文化的精华，也是中国文化与奥林匹克文化的最佳结合点；如何在北京奥运会上突出人文奥运的特色，借助奥运会这个平台，更好地向全世界宣传中华民族的优秀文化和中国改革开放的伟大成就，这是值得我们深思的问题。早在20世纪90年代，我国现代社会学泰斗费孝通先生在思考中华文化的命运时，提出了“文化自觉”的概念。费孝通先生认为“文化自觉”并非固守以儒家为本的传统文化而力拒西方文明。他认为，传统与创造的结合极为关键，“因为传统失去了创造是要死的，只有不断创造，才能赋予传统以生命”。“各美其美，美人之美，美美与共，天下大同”是费孝通先生对“文化自觉”历程的高度概括。因此，从文化的民族性和经济全球化进程的逐渐深化着眼，在现代化实践中我们必须培育民族文化的个性，发挥大国的作用，发挥民族文化历史悠久的优势，培养社会主义文化精神和价值观，推动世界历史进程的良性发展。

3.4.2 第30届伦敦奥运会："英伦文化"的个性化阐述

3.4.2.1 伦敦奥运会的历史溯源

自1973年1月英国加入欧洲共同体（以下简称“欧共体”，欧洲联盟的前身）至今将近半个世纪里，英国的经济复苏一直尽可能地在快马加鞭进行中。例如，英国从19世纪的“光辉孤立”政策到20世纪初同盟国英法俄签订的“三国协约”，再到第二次世界大战后努力使经济复苏而采取的改善劳动人民生活状况的一系列措施等；从1973年1月加入“欧共体”，到20世纪非殖民化以后的“英联邦”。无论从外交还是从经济看，英国所做的都是主动从民族利益出发的事项。民族利益会随着时间、国情、国家实力等因素的变化而变化，唯一不变的是国家利益。历史的跌宕、岛国的危机意识以及曾经的辉煌也容易被轻易超越的事实，都让英国更知道人民的重要性：没有人，哪来国。

英国最辉煌的阶段就是文艺复兴与工业革命时期，它们带来艺术、人文、科学、经济的融合，在英国文化底蕴这一层上泼上浓墨重彩。注重人权，关爱全民健康，关爱动物，关爱儿童，白人和黑人通婚等都反映了英国文化的优点。这些优点来自英国整个国家的经历，从最初的被比自己更先进的罗马人的征服到因为战争征收人头税而导致的瓦特·泰勒起义。因此英国怀旧，"英伦"后面跟着的词语必定是"复古"，因此伦敦奥运会开幕式在回溯历史上花了不少篇幅。英国又不希望一度自怜，且用娱乐的方式给当下肯定、给未来激励，这也是伦敦奥运会重要的篇章。人权需要被关注，全民健康需要被关注，孩子需要被关注，不同种族文化背景的人都需要被关注，英国想以最轻松的方式说出包容的重要性。改变也是英国文化中的重要部分，英国可以说在战火中习得或者根深蒂固地明白改变的内涵。未来属于现在的年轻人，而互联网是当今最热门也是最能改变人们生活方式的一项技术。英国从帝国时代就有的天生骄傲在展现英国人发明的"万维网"时也就油然再生了。

经济利益也是民族利益中非常重要的组成部分。尽管第二次世界大战后英国努力复苏经济，然而依然无法取得曾经的辉煌。之后撒切尔夫人也是倾尽全力助力英国经济发展，然而除却美国，亚洲国家的发展势头也不容小觑，不少"后起之秀"国家的顿起也让已经是欧共体的核心国家——英国有些后劲不足的感觉。在国家健康体系与体制都已经较为成熟、完善的时候，一场重温历史、宣传自我的世界盛会像一剂良药，可以用娱乐的外壳包装自己，给人树立榜样的同时也不掩饰目的。奥运会是这些最好的载体，而和平也一定是历经战争的英国所需要的根基，因此英国愿意再一次和奥林匹克一同呼喊出和平的定义。

3.4.2.2 英伦文化的个性化定位

（1）伦敦奥运会的宏大主题。

毫无疑问，英国的历史积淀与文化底蕴是深沉浓厚的，但是伦敦奥运会开幕式并没有力图去展现大英帝国曾经的所有光辉，只是选其最有代表性以及最符合理念的内容来演绎。伦敦奥运会将“激励一代人”作为主题，体现着关注人类发展的伟大思路。“激励一代人”的人文理念可以理解为，协调奥林匹克运动与人类发展之间的和谐关系，激励青年一代在奥林匹克精神与文化的熏陶之下健康成长。这个主题是对人类文明向往的贴切描述，也是对人类“渴望成长”等良好愿望的恰当体现。

（2）“英雄榜样”别出心裁的点火仪式。

伦敦奥运会开幕式的点火仪式也很有内涵。他们注重的并非哪位重要的明星去点燃，而是通过展现整个点燃火炬的过程，来充分诠释本届奥运会“激励一代人”的主题。在开幕式点火的那一刻，火苗从边缘逐渐引向中间，越升越高，最终汇集成熊熊烈火（图 3–15）。这个过程最好地诠释了“激励一代人”这个理念。参加点火的年轻人都是 1990 年及以后出生的（图 3–16），而他们当中有 5 名运动员分别来自田径和赛艇项目，而这两个项目一直是英国人在奥运会上摘金夺银的传统项目；有 1 名海员，英国曾是历史上著名的航海大国；有 1 名医科学生，呼应了在开幕式中展示的国民健康服务体系。可以说，这 7 名火炬手与开幕式、伦敦奥运会主题完美恰当地融合在一起，在与众不同的细节中彰显了英伦符号。这个别出心裁的点火仪式，无疑很好地吻合了伦敦奥林匹克运动会组织委员会（以下简称伦敦奥组委）提倡的“激励一代人”这个口号。人们常说，青年人代表着未来。这一既充满平民气息又非同寻常的点火方式，也寓意着奥运回归“贵在参与”的本质。由 7 位年轻人共同点燃火炬的这一创意，在烘托这一温暖主题的同时，既充满了奇妙的创意，又让人感觉离得很近。伦敦用自己的方式，从另外一个角度诠释了对奥运的理解，突出了“激励一代人”这一主题。

图 3-15　伦敦奥运会开幕式上的点火仪式

图 3-16　伦敦奥运会开幕式上的青年火炬手

（3）彰显文化底蕴的“伦敦制造”。

伦敦奥运会会徽（图 3-17）以数字“2012”为主体，包含奥林匹克五环及伦敦的英文名（London），共有蓝色、橙色、绿色、粉色四种颜色，虽然没有采用伦敦当地的传统标志或色彩，但可根据不同场合的需要使用不同颜色的会徽，充分体现举办方贴心、实用及节俭的办奥理念。伦敦奥运会会徽象征着活力、现代与灵活，反映了一个崭新的、丰富多彩的世界，因为在当今的世界上，人们特别是年轻人不再处于静止状态，而是用新技术和新媒体网络丰富自己的生活和工作。

图 3–17　伦敦奥运会会徽

伦敦奥运会吉祥物“文洛克”（图 3–18），以富有激情的萨罗普羊为原型，头上有黄灯标志，象征着伦敦的标志性出租车。手上带有奥运友谊手环，代表奥林匹克的五个颜色。大眼睛的目的是见证它们每一个去过的地方和见过的人。“文洛克”是为儿童设计创作的，把儿童和运动联系在一起，讲述让人们引以为豪的奥运会故事并帮助儿童健康成长。

图 3–18　伦敦奥运会吉祥物

伦敦奥运会火炬（图 3–19）是由伦敦人爱德华 • 巴伯和杰伊 • 奥斯戈比设计的，共镂刻 8000 个圆环，包含着向 8000 名火炬手的人生成就致敬的寓意，是奥运史上第一次将人的因素加入火炬中，表明伦敦奥运会的创新性。火炬全身均为金色，顶部是三角形的设计，是奥运历史上第一柄三角形的火炬。三角形象征了奥运会“更快、更高、更强”的格言，此外非圆形的火炬手感更好，也更容易被火炬手握住，与伦敦举办奥运会提倡的实用性、人性化相得益彰。

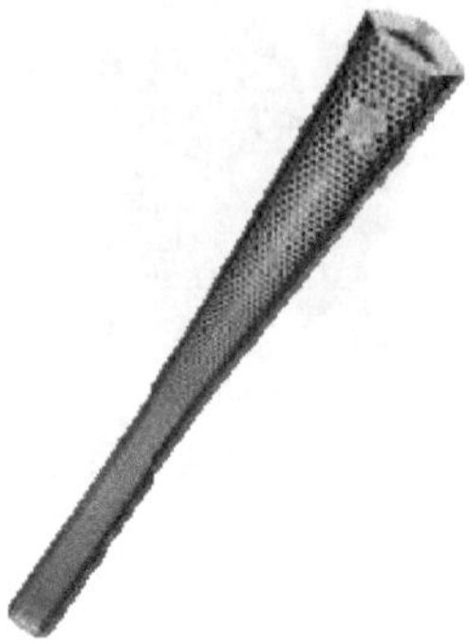

图 3–19　伦敦奥运会火炬

伦敦奥运会奖牌（图 3–20）是由英国艺术家大卫·沃特金斯设计的。奖牌的直径为 85 毫米，重量达 400 克，其重量要高于以往奥运会的大部分奖牌，是夏季奥运会中最重的。奖牌正面为国际奥委会统一规定的图案——插上翅膀站立的希腊胜利女神和希腊潘纳辛纳科竞技场，奖牌反面为抽象设计，正中刻着伦敦奥运会的会徽标志和一条蜿蜒的泰晤士河，旁边为纵横交错的线条，象征着伦敦城市跳动的脉搏。

图 3–20　伦敦奥运会奖牌

3.4.2.3 英国本土文化的个性化表述："奥运会开幕式"

无论是在经济、政治方面，还是在文化和意识形态方面，存在于地球之上的每个国家都受到了经济全球化风暴的影响。作为工业革命之始、现代化开端之地的英国，受经济全球化的影响是极大的，其经济、政治、文化影响其他国家的同时，其本国的发展也受到了世界其他国家的影响。当然，英国文化的发展也会不自觉地加入其他国家、民族的文化色彩。在奥运会开幕式中，伦敦除了展现给世界共同的奥林匹克文化和发达的科技、经济之外，更多展现给世界观众的是自己的本土文化，让全世界观众看到了一个具有独特风格的英国，英国没有因为前几届奥运会开幕式的整齐宏大而改变自己的风格，而是继续用混乱的场面、荒诞的表演展现了英国文化。

伦敦奥运会开幕式的第一篇章《绿色和预约》（图 3–21）展现的是田园风光，英国人引以为傲的乡村风光以及独特的民族音乐在这里展现得淋漓尽致。从莎翁笔下《皆大欢喜》森林里的理想世界，到全球热播的英国电视剧《唐顿庄园》，英国人的乡村情结带领观众通过时光隧道，回到了英国人的心灵家园。如今，随着经济全球化的发展，现代化的进程催促着乡村的改变，甚至现在都找不到乡村田园风光的景色了，乡村话语被城市话语吞没，我们看到的是人们对经济的追求、对文明的破坏，乡村文明已经被利益经济所淹没、取代。然而英国在伦敦奥运会开幕式中坚持了自己的本土文化思想，坚持了对乡村田园风光的向往。英国人没有被大众文化的庸俗所牵制，而是在此文化背景之下，将被大都市淹没的田园风光展现在后现代社会面前，以乡村文化的展示方式表现了自己国家的高贵和永恒，他们把乡村文明的享受看作是英国留给现代生活的遗产。伦敦展现给大家的是纯粹的乡村文化，没有工业、经济，没有大众追求的大都市文化，只有恬静的田园工作，这就是伦敦对本土民族文化的坚持和追求。

图 3-21 伦敦奥运会开幕式第一篇章

开幕式第二篇章是《黑暗的撒旦磨坊》（图 3–22），是展现工业革命到来的篇章。英国是世界上第一个工业化国家，首先进行工业革命。工业革命改变了英国人的命运，也改变了世界人民的命运，人类开始迈向现代化的进程，工业化唤醒了人类的巨大创造力，全球的经济、文化和政治意识形态都随之发生了改变。虽然工业革命是属于全世界的，但是英国作为世界上第一个工业化国家，其工业革命也成为其民族文化及民族历史中一道灿烂的风景。伦敦奥运会开幕式将工业革命这一历史进程完美地展现在世界人民面前，证明了这一历史革命形式的重要性，它不仅是英国人的骄傲，更是世界人民的骄傲。工业化进程避免不了对大自然的破坏。伦敦也毫不隐藏地将工业革命带给自然环境的危害在开幕式中展现出来。第二篇章的标题为《黑暗的撒旦磨坊》，正表现出英国人民对工业革命带来的危害的正视，然而我们应该看到工业革命带来更多的是对社会进程的推动，对全球发展的推进。英国将现代化的种子播撒到全世界，通过殖民将自己的文明渗透到别的国家，这是一个推动全球发展的过程，是文化输出和输入的过程。而这种文化的传播方式至今仍存在，伦敦在奥运会开幕式中将自己国家的本土民族文化展现给世界，这是一种文化输出，是对全球的一种贡献；而同时是对全球化语境的一种控诉，在大众文化盛行的社会，伦敦坚持了自己的个性、特色，坚持了自己的文化和历史。就像美国《华盛顿邮报》所报道的，“伦敦奥运会开幕式看起来像是最大的圈内笑话，但英国传达的信息是非常明确的：我们可能不会总是你们的‘菜’，但你了解，而且经常热爱我们的文化。”这就是伦敦的特色、伦敦的理念。

图 3–22　伦敦奥运会开幕式第二篇章

在伦敦奥运会开幕式第三篇章《走向未来》中，英国更加自豪地展示了自己的文化特色。但其中我们看到了经济全球化对英国文化的影响，也看到了英国在经济全球化的进程中是如何维护自己的本土文化的。伦敦奥运会开幕式导演丹尼·博伊尔之前一再强调伦敦奥运会开幕式不是音乐会，但是无论从表演部分还是运动员入场部分，以及保罗·麦卡特尼演唱《嘿，朱迪》（*Hey Jude*）的压轴登场（图 3–23），都可以看出，英伦音乐成为整场开幕式的一个亮点。

图 3–23　伦敦奥运会保罗·麦卡特尼的演唱

博伊尔说，开幕式的一个主要目的是“把最好的部分展现给世界”，现在看来，最好的部分是它的英伦音乐。音乐在现代英国的文化生活中占有重要地位，英伦音乐风格各异，但是流行音乐和摇滚音乐是闻名于世的，如今英国的音乐加入了世界的风格，同时世界也受到了英伦音乐的影响。整场开幕式完全是一个英伦唱机，在不同的时间先后共采用了近 50 首风格不同的音乐，但都具有地地道道的英伦风味。

除了音乐之外，伦敦展现给大家的还有其电影、电视剧、文学的独特文化。在第三篇章中，导演利用故事的形式把英国经典的电视剧、电影以串烧的形式投影出来，其中有 20 世纪六七十年代的《加冕街》《弗尔蒂旅馆》等经典英剧的画面，《四个婚礼一个葬礼》《两小无猜》以及导演博尔伊的电影《猜火车》的精彩片段，这些电影电视作品都是曾经风靡英国乃至全球的，都是英国人的骄傲。20 世纪以来，好莱坞电影一直占据着电影行业的主导地位。在此背景之下，英国坚持了自己的风格，在奥运会开幕式中，让我们看到了独具英国特色的电影电视作品。

然而“憨豆先生”的出场（图 3–24）更是对英国本土文化展现的加强，“憨豆先生”和“英国女王”的诙谐出场，是对英式幽默的一种完美阐释，爱尔兰剧作家王尔德说：“越是重要的东西，越不能严肃地谈论它。”英国人一般不将他人作为“幽默”的材料，特别不会用他人的缺陷来寻开心，他们至多是拿自己来开玩笑，这一点确实可以窥见他们蕴藏的人文精神，在奥运会开幕式中，这点体现得淋漓尽致。伦敦奥运会开幕式诙谐幽默而又不失严肃，尤其工业革命那一幕演出立意高远，发人深省。在展现英国文明辉煌的同时，伦敦奥运会开幕式演出并没有回避那些历史上的败笔，从中我们可以得到诸多反思：在享受网络时代成果之际，我们该如何避免与工业革命曾经给人类带来的灾难相类似的后果呢？曾经，给整个世界文明带来质的影响的国家有两个：一个是古罗马帝国，另一个就是近现代的英国。如今，古罗马帝国的辉煌只能在遗址遗迹和故纸堆中寻找，而英国对于世界现代文化的影响依然在延续。从文化背景这个角度来看，伦敦奥运会开幕式更像是一部精华版英国文明史，其对整个世界的启发意义是不言而喻的。

图 3-24 伦敦奥运会开幕式上憨豆先生的出场

伦敦奥运会开幕式是一次体育和文化融合的盛典，是不同民族、种族之间的文化交流，同时也是英国向全世界展现自己民族文化特色的时刻。伦敦奥运会开幕式在吸取了往届奥运会开幕式经验的基础上，把英国文化带入了其中，展示了本国的文化特色，恰当地处理了全球与本土的关系，为保留地方的“传统”和民族文化也做出了贡献，使得全球见证了本民族的文化特色，同时也为世界人民带来了一场丰盛的文化盛宴。

3.4.3 第 31 届里约奥运会：南美拉丁文化的个性化阐述

3.4.3.1 里约奥运会：巴西民族历史与文化的现代演绎

16 世纪，葡萄牙航海家佩德罗·卡布拉尔抵达南美大陆东部隆起的地方（即巴西），并将这片土地命名为“圣十字架”，宣布归葡萄牙所有，由此开启了这个国度的新历史。之后，葡萄牙人便统治了这一区域，世代繁衍生息，时至今日，巴西的官方语言依旧是葡萄牙语。19 世纪初，法国军事家拿破仑入侵葡萄牙，葡萄牙王室迁往巴西，而在此时，葡萄牙人已将首都定在了自己缔造的美丽之都——里约热内卢（以下简称里约）。1888 年巴西政府废除奴隶制，各地因此出现了严重缺乏劳动力的现象，于是又迎来了一次移民高潮，成千上万的意大利人和德国人来到圣保罗州内地的咖啡园和巴西南部的工业区。之后，随着咖啡产业黄金时代的逐渐逝去，咖啡园中的剩余劳动力开始向手工业领域转移，这为巴西最初的工业萌芽奠定了基础。在整个19世纪，巴西接纳了来自70多个国家的移民，他们为巴西19世纪的发展起到了至关重要的作用。欧洲、中东、东亚的诸多移民都为巴西的发展做出了贡献。作为一个主要由移民组成的国家，“移民”对巴西有着不同寻常的意义，他们不但推动了巴西的发展，还带来了世界各地的风俗习惯。不同的文化在这里交汇融合，才形成了现在丰富多彩的巴西。正是来自不同大洲、不同民族、不同种族之间的融合与交流，才形成了现在巴西人浪漫随和的性格，他们与世无争、随遇而安。所以，当葡萄牙代表团在里约热内卢奥运会（以下简称“里约奥运会”）开幕式的入场仪式中昂首踏进马拉卡纳体育场的时候，一向严苛的巴西观众毫不吝啬地将自己的掌声，献给了这个曾经殖民过自己的国家。在资本原始积累初期，葡萄牙曾统治这个国度300多年，而在21世纪的今天，巴西人用真诚与热情欢迎全世界的人民。

巴西广袤的国土和丰富的自然资源是其得天独厚的物质财富，吸引了无数“淘金者”前来冒险，他们的到来也带来了不同的饮食习惯、民俗风情、审美趣味与文化积淀，多民族、多种族的交流与融合滋生出更加丰富别致的物质和精神文化。谈及巴西文化，不得不提及巴西人在里约奥运会开闭幕式中的演绎，或许会使世人对这个神秘的南美洲国家多了一份了解，也可能会使世人喜欢上巴西自由平等、兼容并蓄、丰富多彩的文化。在里约奥运会上，“巴西风情”令世界各地的观众为之陶醉，而其中最令人印象深刻的恐怕就是桑巴舞、战舞、街舞等形形色色的巴西当代流行文化元素。

巴西的这些流行文化大多来自“贫民窟”，属于典型的巴西“大众文化”。对于不少巴西人来说，贫民窟不是外国人眼中的猎奇对象和批判目标，而是自己每天实实在在生活的地方。正是在贫民窟的恶劣环境下，巴西人自由、乐观的天性才弥足珍贵；也正是贫民窟的逼仄空间，激发了巴西天才艺术家的想象力，催生了热情奔放的桑巴舞、动感十足的战舞等巴西流行文化。作为展现巴西当代流行文化的背景板，贫民窟被搬上了里约奥运会开幕式的舞台，这不能不说是一个大胆的创举，而且这样的创举最终大放异彩。无论是激情的桑巴舞、慵懒别致的波萨诺瓦（一种拉美音乐）、动感十足的战舞文化，还是活力四射的放克文化，都显示了巴西在流行文化上的先锋性、多样性和创造性。同时，桑巴舞、放克音乐和战舞代表的巴西流行文化源自贫民窟，代表着里约奥运会所要倡导的自由、平民和大众理念，而不是资本、权力和精英主义价值观。充满自由发挥、大众狂欢和集体互动的流行文化是巴西对世界文化的贡献，通过巴西艺术家的创造与巴西人民身上散发出的快乐与激情，全球观众才得以深入地了解“巴西风情”。

3.4.3.2 南美“大众文化”的个性化定位：巴西样板

（1）里约奥运会主题的“平常心”。

在巴西奥运会开幕之前，很多“黑历史”与争议占据了新闻报道的头条版面，如准备不足、事端频生、抗议不断等。但全世界都在聚焦巴西，全世界都在等待盛大场面到来的时刻，巴西人似乎是在用一颗举重若轻的“平常心”来对待和筹备这场文化盛宴的。巴西人似乎要用这场造价不高、经费缩减的开幕式向世界人民证明，里约会用巴西人民的热情征服世界、感染世界。事实证明这场开幕式扭转了巴西在世界人民心中的印象，整场开幕式简洁明快、有条不紊、充满生机、自信洒脱，绿色、和平和环保的理念更让人印象深刻。

里约奥运会的主题是“公园、多元、欢乐”，口号是“一个新世界”，口号寓意里约奥运会将创造一个更美好的世界，以影响和改变下一代人。我们常常能受到这种并不是强制性要求的主题和口号的鼓舞和影响，并在非刻意的情况下以此“标准”来调节自己的心情和行动，力求与这样的主流价值观保持一致。奥运会中对象征性符号的传播实际上就是对社会核心价值体系的传播，这种正面的、积极的传递和引导，使得民众对自己的价值观、对自己的民族更加自信，也使得社会治安和社会文明得到大幅度提升。这样的结果并不是国家的强制要求或相关部门的规范所能取得的，最重要是在这样的“标准”下每个人自发地行动起来，自觉维护和强化媒介仪式所传达的核心价值观。这是媒介仪式潜移默化的影响和教育功能。

（2）里约奥运会标识物的个性化表述。

里约奥运会会徽（图 3–25）巧妙地借助线条勾勒出 3 个抽象的人体形态，并通过柔美的起伏曲线表达出强烈的节奏感和韵律感，用线条展示人类欢快的舞姿与奥运大家庭的和谐共融。3 个连在一起的抽象人形，形似里约著名的面包山轮廓，这一创意在思路上实现了“以人为本”的核心理念，又突显里约城市活力、欢乐、分享、热情的生活方式。会徽不仅选取了红、黄、蓝三色作为主要色调，而且还有意增加了绿色这一象征力极强的鲜明色调，主要用意是突出森林、自然、生命等举办主题。里约奥运会会徽的独特设计重在考虑融合与创新理念，与历届奥运会会徽相比，既有承载理念，又有立意维和的独特用意，彰显富有感召的力量性、和谐的多样性、丰富的自然性和里约奥运的融合胸怀。

图 3–25　里约奥运会会徽

里约奥运会奖牌（图 3–26）是设计师采用了符号的简约设计手法而制成的，造型方面尽可能删除其细部和次要的部分，保留不可缺少的部分，以突出主要的特征。这种大胆取舍，通过简约手法，将形象特征极力突出以达图形醒目的风格是标志设计所追求的后现代设计风格，就如同语言一样，言简但意赅。为了体现里约奥运会对可持续发展的重视，这些奖牌的材质除了金、银、铜这些金属之外，还包含回收的电子设备的金属，体现了环保精神。

图 3-26 里约奥运会奖牌

两种不同的动物，名字为维尼修斯和汤姆，分别作为里约奥运会和残奥会的吉祥物（图 3-27）。吉祥物色调中的黄色用来代表巴西的动物物种，因为巴西的动物物种极丰富，但具有代表意义的动物种类主要以猫科动物为主，如美洲虎、美洲狮、美洲豹、美洲猫等是被世界所认知的南美洲动物，其黄色色调完全可以通过人们的认知映射出巴西地域特色与民族风情。蓝色作为里约残奥会的吉祥物主色调，用来象征巴西热带雨林的植物集合，吉祥物头顶绿叶与黄叶，令人间接地联想到植物生长的主要条件：光照与水源。吉祥物将猫的灵性、猴子的敏捷以及鸟儿的优雅融为一体，更能直观体现巴西的物种特征与生态环境。

图 3-27 里约奥运会吉祥物

里约奥运会火炬（图 3-28）的设计既具象征性，又有指示性，二者相辅相成，共同诠释着圣火传递精神的神圣价值。波纹的色调直观形象地代表了大地、海洋、山脉、天空和太阳，暗示了巴西的自然景观，如科帕卡巴纳著名的波纹形黑白人行道，里约热内卢的金色海滩、亚马孙蓝色河流、伊瓜苏绿色大瀑布等自然景观。里约奥运会火炬材质表面的图形设计也能体现指示符号的功能属性，例如火炬自动抽离延展后的波纹色彩，整体直观地映射出巴西国旗的主色调，再经过色彩筛选与意义对应，每一层明亮起伏的色带都是一幅具有代表性的景观，指示特征也较为突出。里约奥运会火炬图案的色调搭配与波浪形线条充分体现了巴西人民的和谐多样性，以及奥运正能量的传递，映衬了里约奥运会口号“一个新世界”的传承理念。

图 3–28　里约奥运会火炬

（3）奥运会开幕式：巴西本土文化的创意呈现。

里约奥运会整场开幕式可分为三大部分：第一部分的主题是公园，巴西有很多公园，其特点在于这些公园都是纯天然的，具有不加任何修饰的自然美。这部分向我们传达这样的信息：拥抱现实，拥抱世界，迎接未来，迎接和平，同时也向我们展示了巴西的激情和动力。第二部分的主题是多元。从原始印第安人的居住到葡萄牙人的占领再到法国的入侵到最后的建国，巴西的历史是复杂的，巴西是一个多民族、多宗教、多文化的国家，巴西的文化具有包容性和接纳性。这部分向我们传达这样的信息：巴西欢迎和接纳世界各个国家、各个民族的人，巴西是一个爱的集结地。第三部分的主题是欢乐。巴西人经历过被占领、被侵略，也经历过背井离乡、四海流浪，甚至现在的巴西也处于危机四伏、争议不断中，但巴西人的天性就是快乐、自由、洒脱。巴西人用自己的快乐、热情、微笑感染世界。这部分要向我们传达这样的信息：一个国家和民族不可以一直活在争议中，巴西也有属于巴西的“性格”，请记住巴西的快乐、微笑和拥抱。

①海洋陆地创意呼唤生态发展。里约奥运会开幕式的“海洋陆地”环节（图 3–29）呈现给观众的是一个不规则的光彩图案，既像水中的一条游鱼，又像留在地面的一个脚印，本身就是一个让人充满想象的空间，科技创意再次展现了沧海桑田般的立体动感，仿佛时光穿梭到了地球孕育之初，海洋生物如螃蟹、长足鱼等不停地游走，镂空的结构、逼真的造型和演员的表演完全融合在一起，又与现场的色彩和光束巧妙辉映，同时向世人宣告巴西是一个海洋国家，沧海变桑田演绎了地球变迁的规律，一眨眼间陆地呈现了绿色，激光束投射的光影所构成的棕榈林充满了勃勃生机，土著人勤劳智慧地展示了他们的原始生活状态，即靠着双手播下了文明的种子，也引来了殖民者贪婪的脚步，还有模拟种植生产的造型演绎了巴西古往今来的历史，在那物产丰富、面积庞大的热土之上生活着乐观、豪爽、率性的巴西人民。开幕式围绕着生态发展这个主题展开，呼吁人们保护各种海洋生物，保护陆地的各色物种，其寓意就是无论是被大海包围的海洋国家，还是山地相连的大陆国家，都要明确生态发展的重要意义，这就是里约奥运会开幕式反复演绎的创意主题。

图 3–29 里约奥运会开幕式的“海洋陆地”环节

②平民文化突显非凡艺术。巴西属于发展中国家，既有富可敌国的大富豪，更有大量的贫民，贫富差距极大，这带来了各种社会问题，也为社会学研究提供了鲜活的沉重课题。但天性乐观的巴西人创造了极有特色的平民文化，动感十足的街舞就是巴西典型的平民化艺术。开幕式上 6000 名志愿者用舞蹈再现了巴西殖民地的故事（图 3–30），虽然他们是普普通通的个体，没有舞蹈功底，没有专业素养，没有表演经验，甚至没有过多艳丽而统一的演出服装，但是他们的表演随性欢快、自由放松，没有条条框框的束缚和捆绑。正如里约奥运会开幕式创意导演费尔南德·梅内斯说的：“这次开幕式主题鲜明，和此前的几届奥运会区分开来，雅典奥运会可以说是经典，北京是壮观，伦敦是睿智。我们会变得很酷，这是我们追求的全部。”所以在开幕式上我们听到了来自贫民窟的声音，听到了黑人姑娘为争取权利而呼喊，看到了非专业的舞者在舞台上的欢快，看到了孩童在舞台上的随性。艺术是不分出身的，平民也可以享受艺术并为之陶醉，开幕式现场表演的街舞展示了平民文化的简约之美，它不是模仿生活的节奏，而是平民忙碌生活的艺术升华，只有正视自身的实际和优势，才能尽可能地展现巴西平民主体蕴含的艺术特质。整场演出贯彻了全民参与、全民

狂欢的宗旨，以平民视角诠释巴西文化，传递巴西风情、定格巴西印象。让人感到亲切自然，轻松惬意，这就是巴西，有情怀、有关怀。巴西奥运会开幕式中的街舞表演，使这个国家的多元文化魅力得到了淋漓尽致的体现。

图 3–30　巴西奥运会开幕式的平民式舞蹈

③巴西人的骄傲——“第一架动力飞机”。巴西人民坚信他们的桑托斯·杜蒙就是成功创造第一架飞机的英雄。

一个造型极其简单的飞机就在开幕式表演现场飞了起来（图 3–31），用这样实实在在的看得见的模拟行动向科技创新英雄致敬，同时借助升高的飞机把里约的标志性建筑或景观展现给世界观众，再一次宣传了巴西对科技创造奇迹的领悟，并不遗余力地向外推介里约的自我之美，进而掀起了弘扬本土文化的热潮。其实本土文化一直存在，只要给予适合的文化环境就可以使之呈现出勃勃生机，巴西里约奉献给世界的就是这样看似简单实际上却非常深刻的道理，巴西借助代表南美承办第一个奥运会的良机，不但呈现了模仿建造的第一架飞机，还飞上天空把里约的一切代表性建筑和景观展现给全球观众，用现代科技手段在舞台上尽情展现了巴西建构和创新美学的能力。

图 3-31　巴西奥运会开幕式上的飞机表演

④音乐、桑巴舞与超模走秀。巴西的音乐文化就如同巴西的足球文化一样风靡全球，受到世界人民的广泛喜爱。热情奔放的桑巴热舞，委婉柔美的波萨诺瓦情歌，风情变换的拉丁爵士，癫狂纵情、如痴如醉，绚丽又高雅、狂热又纵情的巴西音乐等总能带给人一种力量、一种快乐。欢乐的节奏、热情的音符、狂放的歌声都是巴西文化的一种象征和写照，体现出自由随性。开幕式上那些热情似火、丰满性感的巴西桑巴舞女郎为里约奥运会观众献上了节奏欢快的舞蹈艺术。巴西舞蹈丰富多彩，桑巴舞与背景音乐《那个拥抱》、波萨诺瓦情歌《依帕内玛女孩》等将巴西音乐的自信历史重新擦亮。巴西的国际著名超模吉赛尔·邦辰身着合体大方的时装（图 3–32），迈着自信优雅的步伐走向前方，伴随着音乐，在亿万目光的注视下，超模特定的性感形象渲染了巴西人的热情，这种热情也感染了世界，开幕式上所展现的巴西风情，弥补了里约奥运会前期组织方面出现的不足，也宽慰了巴西民众因经济下滑而受伤的心灵。巴西用音乐和舞蹈向我们展示了他们是一个独特的、热情的、自由的、随性的国家，也借用音乐向我们展示了他们最为民主的文化形式，人人都可以享受不同的音乐形式，这也是巴西宽容、开放、快乐、自由的秘密所在。

图 3–32 在里约奥运会开幕式上亮相的超模吉赛尔·邦辰

⑤三轮车旗手“点石成金”。开幕式上，世界各国运动员的入场特别引人关注，因为每个国家的人们都想看到本国运动员的阵容，因此千辛万苦挑选出来的旗手，所穿服装的颜色、款式都备受瞩目，大多数国家都会选择端庄大方的引导员举牌并引领运动员入场，没有想到巴西人却蹬上三轮车（图 3–33），双脚用力上下踩动、摇头晃脑潇洒而去，车上还装满了绿色植物，象征了绿色永恒之意。小小三轮车郑重其事地出现在演出现场，成为导引各国运动员入场的必备工具，真是有了点石成金、化平凡为神奇之感。巴西里约这种凭借奇思妙想创造奥运成功之美的方式令人称赞。给观众留下深刻印象的脚蹬三轮

图 3–33 里约奥运会上骑三轮车的引导员

车，也成为展示绿色奥运精神的载体，成为其打造环保健康的本土文化的精髓，巴西人的这种看似随意，实则艺术、率性的行为蕴含着真实、感性的审美体验。

⑥难民代表队与尊重。世界充满了欢声笑语，但就在世人感受里约奥运会开幕式包含的巨大魅力的同时，一支难民代表队上场了。他们没有国旗，也许也没有过人的本领，但这提醒人们，在世界越来越美好的同时，战火、饥饿、恐怖等在世界的一些角落仍然存在，也提醒人们，在欢庆科技创新的每一个进步时，都不要忘记新的发明可能会应用在先进的武器上，也正是越来越先进的武器制造了更多的战争与纷争，由此产生大量的难民。如果奥运会是和平、友好、进步的世界盛会，就不能拒绝背井离乡、贫困交加的6000万难民。这支来自不同国家的难民代表队的出现（图3–34），就是告诉人们，只有伸出温暖的双手，才能让世界变成圆的，才能让人们对世界大团结、走向有希望的明天充满期待。难民代表队参加运动会不是要取得出类拔萃的名次，也不是一定要摘金夺银，而是以竞技的方式把身处战乱中的人们的心思带到运动会现场，以期世界永无战争、永无人为灾难。绿色理念不只表现在大自然的生态平衡上，还强调人类之间应免除战乱之苦，应该以和平、友好、文明的方式创造充满爱的世界。

图3–34　里约奥运会上的难民代表队

3.4.3.3 巴西本土文化的个性化表述

南美洲文化原来以印第安文化为主，但随着西班牙及葡萄牙人进入巴西，他们带来的拉丁文化逐渐替代了印第安文化，并在长期发展中占据主导地位，因此拉丁美洲成为南美洲的代名词。19 世纪，大量移民进入巴西，移民的到来不仅为巴西提供了充足的劳动力，促进了巴西的经济发展，还将世界各地的风俗习惯带入巴西，使得巴西的文化丰富起来。不同的文化在这里交汇，在此基础上形成的巴西民族文化吸纳了各个种族文化的特点，使巴西文化成为具有多种文化特点的综合性文化。在开幕式上我们可以看到来自欧洲、亚洲、非洲等国家“移民”的表演，而这样的场面正是民族融合的体现。

殖民者进入巴西之前，400 万原住民在茂盛的亚马孙森林里过着简单的生活，一万多种植物成为巴西的珍贵财富，里约奥运会开幕式上的绿色灯带组成的茅草屋象征着原住民曾居住的地方，安宁祥和的丛林生活是原住民的写照。当安宁被打破，葡萄牙等殖民者的进入将巴西带入了新的世界文明史。劳动力的缺乏使得黑奴进入了巴西，黑奴们带去劳动力的同时，也将自己的文化财富带入巴西。虽然黑人曾经有奴隶身份，但在开幕式上能够明显地感受到黑人对巴西文化形成的重要性。巴西的音乐、舞蹈、宗教、语言等各个方面都留下了黑人的烙印，黑人对巴西的民族文化产生了深远的影响。巴西这个国家被占领、被侵略，原住民四处流浪、危机四伏，这样的历史使得巴西一直处于质疑当中，甚至在里约奥运会开幕之前都受到各方面的质疑。但巴西人的天性就是快乐和洒脱，他们用自己的热情、微笑感染世界，反映了巴西独有的“性格”，这在开幕式的后半场得到了充分的印证，热情的桑巴、急速的跑酷、潮流的街舞都是巴西“性格”的展现。

当不同的人种在与其所处的社会接触之后，在适应新生活方式的过程中，各民族的记忆、情感和历史也被共享，并在共享之后逐渐形成共同的文化生活。移民和本土族群在接触、冲突、竞争之后走向融合，最终在民族融合的进程中产生相似性，形成文化的融合之美。不同肤色、不同民族的人在里约奥运会开幕式这个舞台上表演，使观众能够真切地感受到民族融合带来奇妙的体验，这是之前的奥运会都无法比拟的。人的深层审美心理中，除了拥有本民族的审美传统外，还孕育着不同地域和民族之间的审美活动、审美意识和美学理论，当这些不同的审美传统、审美意识碰撞时，会在文化认同中互相影响，进而走向融合。巴西就是这样一个极为典型的国家。

文化弱势国家都多少有担心和忧虑，害怕自己的文化被新型的文化和他国的主流价值观所浸没和冲击。因此，对于处于文化弱势环境的国家来说，正确认识和处理在文化向外传播的过程中其他文化所带来的冲击和侵略至关重要，也迫在眉睫。面对文化冲击所带来的负面影响，文化弱势国家所要做的就是端正心态，积极、合理地进行反击和挑战，不能坐以待毙，更不能畏首畏尾，而要勇敢面对挑战，其根本就是强大和丰富自己，建立属于自己的文化核心价值，构建自己的文化体系。奥运会的举办对于主办国来说，除了可以呈现给世界观众一场精彩绝伦的视听盛宴以外，还可以展示本国的文化特色和风土人情，提升本国的国家形象和国际地位。在这一点上，里约奥运会上有关巴西文化的定位与表现都在奥运史上留下了浓重的一笔。

3.5 奥林匹克文化个性化发展的有效途径

3.5.1 打破陈旧观念，消除奥林匹克文化的“壁垒”

在百余年的发展中，奥林匹克运动已经克服了重重障碍，摆脱了种种困境，逐步走出了低谷并进入现在的较好发展期。极好的国际环境使奥林匹克运动为自己的持续发展又挖掘出了新的力量：多元文化的继承和个性化的发展。以多元文化认同为基础的个性化发展成为未来奥林匹克运动发展的新支撑点，因为奥林匹克文化以往的单一的发展方向已经过时。要想使奥林匹克运动在更大程度上获得国际感召力，不能只单纯地从扩展表面的国际影响入手，必须从真正意义上提高自身的实力，将各种优秀文化广泛纳入与融合。因此，国际奥委会应该努力消除国际上的文化歧视，认同和接受更多的世界优秀体育文化，做到真正意义上的多元认同与个性发展。

诚然，从目前的奥林匹克运动文化发展的现状来看，多元文化认同与个性化发展的目标还远远没有实现。因为，将这个原本“属于（欧洲人）自己”的神圣的奥林匹克文化中付之于异文化对于他们来说还存在一定的心理障碍。因此，要想实现奥林匹克文化的多元认同与个性化发展，从心理上改变人们陈旧的文化认同观念是首要任务。何振梁先生也曾指出，为了实现奥林匹克文化的普遍性，奥林匹克运动应该也必须消除陈旧的心理惰性，消除以欧洲文化为绝对主导的单一认同观。因此，打破陈旧观念，消除“单一文化认同观”是实现奥林匹克文化个性化发展的第一步。

随着经济、政治、文化等方面的发展，虽然“开放”已经成为各个国家向前发展的一个重要策略，但在“文化开放”的实施过程中还存在着一定的问题：世界各国人们都希望更多地让自己的文化“走出去”，而不是让他者文化“走进来”。因为，“文化侵略”这一警钟在他们心里不断鸣响。但开放既然已经实施就意味着，人类在文化认同与个性化发展上又总结出了新的认识，文化认同不能再仅仅局限于本国文化的单一认同上，而且个性化发展又具有了多元化、多重性、跨文化性等特征，尤其是针对奥林匹克文化个性化发展来说，这些特征最为明显，也更有意义。因为相对于民族文化来说，奥林匹克文化可以称为一个独立的文化系统，它没有“主权”一说，不牵扯文化侵略，它属于世界文化，更多地引进先进文化就会更有利于奥林匹克文化自身的发展，就会向奥林匹克运动的宗旨更进一步。此外，奥林匹克文化需要不断创新，文化的多样化是文化不断创新的重要因素，而文化的个性化也是文化多样化的重要条件。

在解决奥林匹克文化个性化发展的问题上，“教育”可以说是一个强有力的手段。在实施针对性的教育手段之前，笔者认为首先要对东西方惰性文化心理的产生做出原因分析，从根源上解决问题。有些非西方国家依旧还存在着对奥林匹克文化兴起和传播的抵制行为，不愿意加入，也不愿意接受。因为，在经济全球化快速发展的过程中，跨国文化交流的不断加剧引起了这些弱势文化族群内部的恐慌，极度害怕自己国家的文化被强势文化吞并。在西方国家中也存在着类似的畏惧心理，他们害怕异国文化的强大动摇了自己的强势地位，害怕失去奥林匹克运动这个强有力的文化传播工具，也害怕奥林匹克文化真正意义上被人类共有。此外，还有些学者在此背景下提出了本国文化认同在自我身份认同构建中是最为重要的，要努力抵制对外来文化的认同等观点，进而使得这种畏惧心理更是有增无减。

然而，随着时代的发展，我们需要明白那些陈旧的观点已经不再适应当今社会的发展，而且，也有越来越多的学者对单一的文化认同提出了挑战，开始支持跨民族、跨地区和跨国家的多元文化认同，认为多元文化认同与个性化发展为文化创新和文明进步提供了新视角和新契机。奥林匹克文化的个性化和多元化的实现都离不开对各国文化的多元认同。针对上述原因，可以通过体育教材、教科书等途径来更好地宣传奥林匹克文化多元认同与个性化发展的益处。通过教育的手段加强人们对奥林匹克精神、奥林匹克宗旨、奥林匹克文化发展的认识，使人们明白加强多元文化认同与个性化发展对奥林匹克运动可持续发展的必要性和必须性。

3.5.2　建立多元、平等、和而不同的奥林匹克文化发展理念

对于一般意义上的文化个性化来说，文化个性化发展的作用大多数是强化本民族文化，维护国家安全，保护国家文化软实力，防止文化质变，其他国家或者民族的文化更多只是用来为自我文化服务的，而不是将自我文化“被同化”。但对于奥林匹克文化这个特殊的文化体系来说，它没有自我和他者之分，因此奥林匹克文化在个性化发展上也应具有一定的特殊性。

首先，奥林匹克文化个性化体现平等性原则。由于西方为奥林匹

克运动的起源地，西方文化在奥林匹克文化中的主导地位显然已经很难被改变。也就是说，奥林匹克运动可以在西方国家的带领下，鼓励其他各国广泛参与。但奥林匹克文化绝不是在西方文化的诱导下，使得他国的文化逐渐西化、逐渐单一化，也不是让他国体育文化都服从于西方文化，这里不存在服从与被服从的问题，因为各种文化都是平等的。奥林匹克文化具有世界性，它的存在和发展需要世界各国的共同参与和支持，因此，西方国家在奥林匹克运动中只能担任组织者的角色，不能也不应该成为奥林匹克文化的独裁者。既然多元共存与个性化发展已经成为新世纪奥林匹克文化发展的战略选择，那么在奥林匹克文化发展中，人们就应该尊重文化的多样性，积极吸收和融合各个国家和民族的优秀文化，并且在吸收的过程中要努力消除各种歧视，对每一种文化都能做到公平、平等地对待。平等是各种文化间和谐交往的依据，奥林匹克运动要真正履行好尊重对手、公平竞争的职责，只有这样才不会亵渎奥林匹克精神。

其次，在奥林匹克文化个性化理念中加入多元文化认同的思想。在上述奥林匹克文化个性化途径中已经提到，奥林匹克文化的个性化发展取决于人们对奥林匹克运动的广泛参与，参与奥林匹克运动的国家越多，奥林匹克运动就会得到越多人的支持，人们对奥林匹克文化的认同就会越强烈，奥林匹克文化的个性化发展就会越通畅。因此，这就需要国际奥委会成员，尤其是其中的西方决策人员，愿意认同和接受各个国家优质的体育项目和文化，愿意让更多的优秀文化进入奥运会，愿意从心理上消除对非西方体育文化的排斥感，愿意尊重奥林匹克文化的多样化，以平等的观念吸收和认同不同的体育文化，真正做到以多元文化认同的思想为指导，不再让奥林匹克运动一味地为自己的文化服务。只有这样，奥林匹克运动的广泛参与才会有着落，奥林匹克文化个性化发展才会迈出坚实的一步。

最后，还要在奥林匹克文化个性化中加入“和而不同”的文化理念。“中国传统文化中的‘和而不同’思想认为，世界上各种文化和民族之间应和谐而又不千篇一律，不同而又不相互冲突；和谐以便于共生共长，不同以利于相辅相成。”这一思想精髓恰好符合奥林匹克运动的多元文化需求，对于如何把握好奥林匹克文化的多元认同具有重要的借鉴意义。当今的奥林匹克运动已将人类的体育活动链接成了一个互动的有机整体，这就使得人们需要改变原有的行为模式和认知方式，摆脱那种二元分立、非此即彼的斗争思想，达成一种“双赢”的体育文化共生模式。在形式上可以通过对东方体育文化的借鉴和学习，将东西方体育文化整合在一个有机整体之内。只有这样，奥林匹克文化才能符合世界各国人们的整体利益，奥林匹克运动的开展才能得到更多人的支持。

3.5.3 加强奥林匹克文化与其他文化的交流与互融

奥林匹克文化个性化发展已经提示我们，奥林匹克文化个性化的实现主要是通过与其他文化的交流和融合来获得的。英国著名哲学家伯特兰·罗素曾说过，不同文明之间的交流过去已经多次被证明是人类文明发展的里程碑。希腊学习埃及，罗马借鉴希腊，阿拉伯参照罗马帝国，中世纪的欧洲模仿阿拉伯，而文艺复兴时期的欧洲则效仿拜占庭帝国。因此，加强文化间的接触与交融是实现奥林匹克文化个性化发展的又一重要途径，也是人类文明进行相互学习的第一步。文化间的交流与融合是人类文化发展中不可避免的现实。从古至今，文化交流与融合就一直存在，古人的环球旅游、丝绸之路都是文化交流的典型。中国武术、旗袍、茶文化的对外输出都在国外产生了一定的影响，同时也得到了很多国外友人的青睐和认同；西洋快餐，如麦当劳、肯德基、必胜客等在中国的盛行，也对中国的饮食文化造成了一定的影响，这些都是由文化交流给东西方各国带来的。可见交流是文化发展的前提。随着世界范围的不断“缩小”，各种文化之间不断的交流和碰撞变得在所难免，奥林匹克文化更是如此，尽管在奥林匹克文化传播中，发生了很多文化间的冲突与碰撞，但奥林匹克文化却还是突破各种困境逐步融入了世界文化中，得到了越来越多人的认同，原因之一就是奥林匹克文化对多元文化的巨大包容性，虽然这一“包容性”

始终走得非常牵强，西方国家不愿意认同异文化，不愿意将东方体育文化纳入奥运会，但文化的每一次进步都包含着学习，这就决定着各文化间必须学会相互学习，学会对异文化进行认识，将优秀的异文化转化成自我文化，产生新的认同。

也许，对于创造奥林匹克运动的西方人来说，认同异文化，将更多的异文化纳入奥林匹克文化中非常困难，但认同异文化对奥林匹克文化的发展有着特殊的意义。认同异文化，不仅有利于实现奥林匹克文化多元化与个性化的需求，而且还有益于奥林匹克文化从更多的异文化中汲取促进其发展的东西，使奥林匹克文化体系不断得到调整和更新，促进奥林匹克运动的可持续发展。从这个意义上讲，文化认同就显得十分重要。没有认同，就难以接受；没有接受，奥林匹克文化的单一化倾向就难以改变。交流是学习和认同的前提，交流是正确判断自我的基础，通过交流可以产生新的学习观，继而形成新的文化认同与发展。

3.5.4 提升文化实力，加强民族个性及先进性建设

东方体育文化是奥林匹克文化多元化与个性化发展的必要条件，奥林匹克文化的个性化发展离不开东方文化的参与，东方文化要想在促进奥林匹克文化个性化发展上做出努力，需要做好以下几个方面。

首先，要提升自身的文化实力。

①只有文化变得足够强大，才有机会得到世人的认可。以我国孔子学院为例，孔子学院之所以能够在全世界开展，原因之一就是中国的汉语文化正随着时代的发展逐步壮大起来。东方传统体育文化没有像西方文化那样在全球盛行，也只能说明自身的文化实力还没有建设到足够强大，还有待提高。作为弱势文化的非西方体育文化，要想在奥林匹克文化中获得认同与发展，就必须加强自身文化的先进性建设，通过学习和借鉴，努力提升自身的文化实力。文化实力指的不是要吞并谁或淹没谁，而是要在促进人类文化的向前发展中有积极健康的推动意义，并且要具有一定的凝聚力、吸引力和感染力，有积极向上的

思想精髓，有正确的价值观念做指导。同时在提升文化实力的建设中，要努力体现本民族鲜明的文化特色和精神特征，加强文化的时代性发展，随着时代的发展不断对文化进行创造与更新，使其在每个时代中都能表现出顽强的生命力。

②提高民族素质、增强民族内部的凝聚力和团结力也是提升文化实力不可缺少的途径之一。以北京奥运会为例，在北京奥运会举行期间，北京人民积极响应“绿色奥运”的口号，不管是在日常生活还是在每日出行中都尽量做到“减污减排”，绿色出行，绿色生活。同时，北京人民为来自世界各地的运动员和观看比赛的旅游者也充分尽到了东道主之责，奥运会举办之前北京人民就开始积极学习外语，期盼能做一名台前幕后的志愿者，为外国游者答疑解惑，尽可能地为北京奥运会献上自己的一份微薄之力。奥运会举办期间，中华民族优良的素质、强大的凝聚力和团结力给世界各国留下了深刻的印象，直接映射出了中华民族的文化正逐步走向强大。

③提升文化实力还离不开国家对本民族优秀文化的大力弘扬与扶持。国家政策在经济、政治、科技等方面的支持，是本民族文化实力充分彰显的有力保障。有了国家政府的扶持，优秀的民族文化才能走得更远，才能变得更为强大。也只有将本民族的优秀文化变得足够强大，才能反过来促进国家形象和声望的提升与国家实力的增强，才有资格在奥林匹克运动发展中掌握主动权与话语权，才能为奥林匹克文化个性化发展的实现贡献力量。

其次，要努力强化本国家和民族的文化个性。

①文化个性的保护。以西方发达国家的文化形态为代表的强势文化，在世界文化的多样性发展中占据着主流和中心的地位，对其他文化形态产生不平等和不均衡的信息流动，从而使得以发展相对较差的国家的地域文化为主要代表的弱势文化面临更加严峻的挑战。[①]弱势文化必须强调自己的特色，唯有如此才能在这场竞争中作为一个“竞争

① 苏国勋，张旅平，夏光. 全球化：文化冲突与共生［M］. 北京：社会科学文献出版社，2006：101.

对手”而出现。如果发展中只是一味地借鉴、模仿他人，不注意自身文化个性的保护，那么即使能够取得一时的辉煌，也改变不了跟随者被领导者主宰的命运。

②民族个性的强化。在体育文化向全球发展的时代，民族个性的强化对一国文化的生存起着尤为重要的作用，犹如我们经常说的一句格言：“越是民族的，越是世界的。”也就是说，越具有民族特色的文化，就越具有世界性的意义，生命力也就越强。当今世界，西方文化在奥林匹克文化中把控着主导权，一些弱势的非西方文化为了改变自己在世界体育文化中的落后状态，极力地模仿西方竞技体育文化的模式。而这种一味的模仿造成了民族体育与西方体育的趋同，导致了民族体育个性的丧失，个性是民族体育文化的根本所在，丧失根本，民族文化就会面临灭亡的危机，世界体育文化的多样性也就消失不见了，奥林匹克文化也就丧失了多元认同的对象。

最后，要加快民族体育文化先进性建设。

从人类文化发展的整体进程来看，追求文化发展的先进性是人类文化进步的重要途径。特别是在人类文化的发展与人类的未来联系起来以后，只有面向未来的文化才有发展的前途。从这个意义上说，淘汰那些不适应社会发展需要的文化形式，是世界文化发展的客观要求。①加快民族体育的先进性建设应做到以下几方面。第一，要牢固地把握先进文化的前进方向。一方面，先进的民族体育文化建设要面向本民族，服务于本民族的文化建设和人民的文化生活。另一方面，先进的民族体育文化建设要面向世界，面向未来。重点是以发展的眼光审视以西方体育文化为主流的世界体育文化的发展，既体现敏锐的批判精神，又有兼容并收的气度。第二，要坚持弘扬和培育民族精神。民族体育根植于各民族大众，具有天然的群众性和普及性，具备培养民族精神的独特优势和价值。民族体育文化只有与民族精神和时代精神融合起来才能获得强大的生命力。第三，要大力发展民族体育教育事业。民

① 陈文殿. 全球化与文化个性化［M］. 北京：人民出版社，2009：255.

族体育文化的先进性建设，必须重视和突出学校教育的基础性作用。从世界发展历史中不难看出，许多民族体育都经历过进入学校教育而获得理论与方法上的提升并在普及范围上获得大幅度拓展的历史。从欧美的各种球类活动到日本的柔道、韩国的跆拳道，无不是以学校教育为中介来完成改造的，进而更便于教学、比赛和推广。第四，要积极推动民族体育产业化发展。市场经济条件下，先进文化建设，必须在现实的社会发展进程中表现为各类文化事业和文化产业的发展。因此，提升文化实力，强化民族个性及先进性建设成为实现奥林匹克文化个性化发展的又一重要途径。

4 结　语

自 21 世纪以来，如何在全球化语境中保持“多元共存”，把文明冲突限制在一定程度之内，是文化向全球发展带给我们的又一重大的理论和实践挑战。随着经济全球化进程的加快，奥林匹克运动已经以迅雷不及掩耳之势迅速覆盖全球，受到世界许多国家和民族的广泛支持与参与。无论是“百年奥运回家”带来的“希腊文化的冲击波”，北京奥运席卷世界的“中国风暴”，伦敦奥运向世界讲述的“英伦文化”，还是里约奥运奉献的“巴西样板”，奥林匹克运动的触角正以无可抵挡之势向世界各个角落蔓延。然而，无可厚非的是，各种民族体育文化与奥林匹克文化的交汇、碰撞、冲突、互融也随之而来，奥林匹克文化的自身发展也面临着奥林匹克文化向全球传播与文化单一性的冲突、奥林匹克文化危机及异化现象等发展中的困境与挑战。亨廷顿先生在《再论文明的冲突》一书中指出，随着现代化的推进，回归自己固有的文化已经成为一种趋势，现代化可以加固现存的传统文化，使文化间的差异永远共存。在奥林匹克运动向全球发展的背景下，非西方文化与奥林匹克文化要走出彼此所面临的困境，奥林匹克文化的个性化发展为此提供了契机，指明了方向。

奥林匹克文化个性化发展是一个包括碰撞、冲突和融合的过程，是将奥林匹克文化的思想体系与各奥运会承办国民族体育文化相结合，凸显各国民族文化个性化的奥林匹克文化。个性化的奥林匹克文化是以奥林匹克文化多元发展为前提的，它是奥林匹克文化与各国民族体育文化交汇、碰撞、冲突、互融的产物，也是具有民族特色、民族气派与民族风格的奥林匹克文化，它能够在一定程度上缓解奥林匹克文化危机，弱化奥林匹克运动的异化现象，克服奥林匹克文化发展遇到的阻碍，帮助非西方国家的民族体育文化与奥林匹克文化走出彼此所面临的困境，促进奥林匹克文化的可持续发展，助力奥林匹克文化迈向世界先进体育文化的征程。

对于在全球化语境下奥林匹克文化个性化发展如何走向良性循环与可持续发展的轨道，笔者还有许多想法，虽经过深思熟虑，也许还不成熟，但愿意与读者探讨。

首先，非西方国家的民族体育文化与奥林匹克文化需要双向互动。可以是二者的双向审视，还应是二者的双向批判与双向参与。互动是一个动态的、没有终点的、生生不息且不断创造的过程，对于非西方国家的民族体育文化而言，我们只有适应时代需要，与奥林匹克运动的发展保持适度的张力和统一，才能不断走向未来，才能在后奥运时期实现各国民族体育文化与奥林匹克运动的可持续发展。

其次，作为非西方国家的民族体育文化、东方文明古国与东方文化的代表，中华民族的体育文化应当在奥林匹克文化的个性化发展中充当表率与典范。

中华民族有悠久的历史和博大精深的文化精神，有影响“四海”、影响世界的规模，但中华民族的历史观显著不同于西方民族的历史观。习近平总书记在十九大报告中指出，“推动中华优秀传统文化创造性转化、创新性发展”，要“坚定文化自信，推动社会主义文化繁荣兴盛”，要“激发全民族文化创新创造活力，建设社会主义文化强国”，要“提升文艺原创力，推动文艺创新”，等等。这表明，中国特色社会主义现代化的文化建设，应培养时代意识，逐步培养历史自觉和时代自觉；以民族性自觉为基础，培育民族性，解放民族性，使中华民族精神更具开放性和前瞻性。

最后，文化生命是个性化的生命，文化之所以能够加以创造就在于其个性化。文化的民族性，就是文化个性化的深层次表现。所以，

4 结语

全球化语境下奥林匹克文化的个性化发展应凸显三个方面的价值取向。一是培养各民族体育文化的宽容性和互补性意识。取其精华与兼容并蓄的文化发展方式是当今世界先进体育文化发展的重要方式。二是培育自主创新和与时俱进的辩证精神和开放精神。辩证法的创新精神是当今与未来的内在品质和发展动力。三是培育各民族体育文化的和谐意识与共享意识。和谐性与共享性是人类文化发展所必需的和所追求的理想文化精神，也是价值品质和生成方式。因此，全球化语境下奥林匹克文化的个性化发展应秉承“君子精神、君子方式、君子风格”，应采取“尚和去同、兼爱非攻、互惠共享”的模式，应饱含“竞争意识、互补意识、合作意识”，摒弃霸权主义、敌对意识、“同化”意识、“教”化意识，应享有“自知之明、民族自觉、时代自觉”的精神，在迈向世界先进体育文化的道路上坚持不懈、砥砺前行。

诚然，探索奥林匹克文化的个性化发展是一条漫长而又深远的道路，怎么走、如何更好地走下去，我们还处于摸索与探讨阶段，对于研究奥林匹克运动的学者来说任重而道远，但值得欣喜的是我们已经站在起跑线上，甚至已经迈出了走向终点的许多步，不问西东，未来可期。

参考文献

［1］顾拜旦. 1896的奥运会［M］. 北京：北京体育大学出版社，1994：59-89.

［2］曼根. 奥林匹克文化概论［M］. 董进霞，译. 北京：北京大学出版社，2008：12-18.

［3］卢元镇. 体育人文社会科学概论高级教程［M］. 北京：高等教育出版社，2003：203.

［4］任海. 奥林匹克运动［M］. 北京：人民体育出版社，1993：225.

［5］费孝通. 文化与文化自觉［M］. 北京：群言出版社，2016：38-40.

［6］马林诺夫斯基. 文化论［M］. 费孝通，等，译. 北京：中国民间文艺出版社，1987：14.

［7］孔繁敏. 奥林匹克文化研究［M］. 北京：人民体育出版社，2005：30.

［8］罗时铭，谭华. 奥林匹克学［M］. 北京：高等教育出版社，2007：344.

［9］王宁. 全球化与文化：西方与中国［M］. 北京：北京大学出版社，2002：57.

［10］吉登斯. 现代性与自我认同［M］. 赵旭东，方文，译. 北京：生活・读书・新知三联书店，1998：23.

［11］张宝珍. 经济全球化要研究的十大问题［J］. 世界经济，1998（9）：25.

［12］郑晓云. 文化认同与文化变迁［M］. 北京：中国社会科学出版社，1999：22.

［13］苏国勋，张旅平，夏光. 全球化：文化冲突与共生［M］. 北京：社会科学文献出版社，2006：101.

［14］李晓东. 全球化与文化整合［M］. 长沙：湖南人民出版社，2003：33-39.

［15］乐泉，王军，乐祖光. 奥林匹克运动与文化艺术［M］. 北京：大众文艺出版社，2000：109.

［16］吐依，维尔. 真实的奥运会［M］. 朱振欢，王荷英，译. 北京：清华大学出版社，2004：72.

［17］泰勒. 原始文化［M］. 连树声，译. 桂林：广西师范大学出版社，2015：214.

［18］罗素. 中西文化之比较［M］//罗素. 一个自由人的崇拜. 胡品清，译. 长春：时代文艺出版社，1988：8.

［19］约瑟夫・马奎尔，凯文・扬. 理论诠释：体育与社会［M］. 陆小聪，译. 重庆：重庆大学出版社，2012：55.

［20］史蒂芬罗. 再看西方［M］. 林泽铨，刘景联，译. 上海：上海译文出版社，1998：200.

［21］本尼迪克特. 文化模式［M］. 张燕，傅铿，译. 杭州：浙江人民出版社，1987：45.

［22］斯宾格勒. 西方的没落［M］. 齐世荣，田农，等，译. 北京：商务印书馆，2001：138.

［23］拉兹洛. 决定命运的选择［M］. 李吟波，等，译. 北京：生活・读书・新知三联书店，1997：121.

［24］弗里德曼. 文化认同与全球性过程［M］. 郭建如，译. 北京：商务印书馆，2003：124-126.

［25］罗布森. 全球化：社会理论和全球文化［M］. 梁光严，译. 上海：上海人民出版社，2000：78-80.

［26］青木保. 多文化世界［M］. 唐先荣，王宣，译. 北京：中国青年出版社，2008：129.

［27］K. 吐依，A. J. 维尔. 真实的奥运会［M］. 朱振欢，王荷英，译. 北京：清华大学出版社，2004：274.

［28］TODOHOV. Les Morales de l' Histoire［M］. Paris：Hachette Littérature，1997：116.

［29］ESPY. The Politics of Olympic Games［M］. Berkeley：University of California

Press，1979：27.

［30］季传武. 顾拜旦奥林匹克思想研究［D］. 北京：北京体育大学，2005：24-29.

［31］詹晓燕. 文化多元论视角下的奥林匹克文化发展［D］. 开封：河南大学，2007：23-28.

［32］丁秀诗. 奥林匹克运动异化问题的研究［D］. 桂林：广西师范大学，2006：34-36.

［33］雷亚军. 奥林匹克文化的发展与变迁［D］. 重庆：重庆大学，2009：29-33.

［34］聂雪奎. 北京奥运会对中国体育文化的影响［D］. 南京：南京师范大学，2007：22-27.

［35］宋庆红. 中国传统体育文化与奥运文化的契合研究［D］. 南宁：广西师范学院，2010：30-35.

［36］尚美姝. 2012 伦敦奥运会开幕式的文化形象与文化价值研究［D］. 广州：暨南大学，2013：13-18.

［37］王薇. 雅典、北京、伦敦奥运会开幕式对奥林匹克文化的诠释：以文艺表演为例［D］. 金华：浙江师范大学，2018：18-27.

［38］何振梁. 奥林匹克的普遍价值与多文化世界［J］. 体育文化导刊，2002（2）：4-5.

［39］任海. 奥林匹克运动的全球化与文化的多样性［J］. 体育文化导刊，2002（1）：82.

［40］仇军，李捷. 现代奥林匹克与奥林匹克文化思潮［J］.体育科学，1997，17（6）：24-26.

［41］陈青. 奥林匹克文化帝国［J］.体育文化导刊，2004（5）：30-31.

［42］杨桦，任海，王凯珍. 我国体育人文社会科学研究现状及发展趋势［J］. 北京体育大学学报，2007，30（11）：1441-1448.

［43］熊晓正. "人文奥运"与现代奥林匹克运动［J］. 北京体育大学学报，2005，28（2）：149-151.

［44］熊斗寅. 论奥林匹克文化［J］. 体育学刊，2005，12（1）：11-14.

［45］孔繁敏. 奥林匹克文化论［J］. 体育与科学，2003，24（1）：20-22.

［46］任海. 奥林匹克运动的全球化与文化的多样性［J］. 体育文化导刊，2002（1）：81-83.

［47］郑小九. 论奥林匹克运动中一元文化与多元文化的关系［J］. 沈阳体育学院学报，2007，26（4）：1-3.

［48］孔繁敏. 论奥林匹克文化的交融、内涵与创新［J］. 体育文化导刊，2005（5）：27-30.

［49］宋旭. 论体育文化的多元化生［J］. 体育文化导刊，2005（8）：12-14.

［50］孙葆丽. 奥林匹克文化和教育的多元化趋势［J］. 体育文化导刊，2003（4）：24-26.

［51］邓星华. 文化多元化与现代体育发展的自主选择［J］. 北京体育大学学报，2005，28（3）：299-302.

［52］仲崇东. 关于文化全球化若干问题的思考［J］. 思想战线，2002，28（3）：102.

［53］孙兵，于海娟. 奥林匹克文化对中国体育未来发展的影响［J］. 体育文化导刊，2007（12）：41-43.

［54］饶云鹏，刘少英. 国际化背景下中国传统文化对奥林匹克文化的价值研究［J］. 体育文化导刊，2007（7）：43-45.

［55］王润斌，李志向，涂传飞. 现代奥林匹克理论的缺陷与中国体育文化的补位［J］. 北京体育大学学报，2011，34（4）：10-15.

［56］刘景黎，李玉新，高学民. 中国传统体育文化与现代奥林匹克文化互动初探［J］. 体育文化导刊，2008（3）：103-104.

［57］孙葆丽. 奥林匹克运动与中国体育及其社会文化背景的融合［J］. 北京体育大学学报，1994，17（增刊 2）：9.

［59］周爱光. 现代竞技运动中异化现象的类型分析［J］. 体育学刊，2000,7（5）：20-22.

［60］白成良，喻坚. 影响奥林匹克运动发展的因素分析［J］. 西安体育学院学报，2000（3）：23-25.

［61］张红坚. 奥运会的规模控制与可持续发展［J］. 成都体育学院学报，2002，28（2）：33-35.

［62］熊晓正，王润斌，缪仲. 奥运会超大规模的困境与消解［J］. 体育科学，2008，28（2）：16-23.

［63］余静，蒋艳阳. 民族传统体育文化与现代奥林匹克文化的融合：奥林匹克文化多样性的研究视角［J］. 广州体育学院学报，2007，27（5）：41-42.

［64］费孝通. 文化自觉 和而不同：在“二十一世纪人类的生存与发展国际人类学学术研讨会”上的演讲［J］. 民俗研究，2000（3）：5.

［65］但海剑.“文化全球化”概念的界定［J］. 武汉教育学院学报，1999，18（4）：11-14.

［66］付弟雯，万国华. 中国体育文化与奥林匹克文化的交融［J］. 景德镇高专学报，2009，24（4）：75-76.

［67］余晓慧，熊伟. 中国传统文化与奥林匹克文化的互通与共赢［J］. 河北体育学院学报，2012，26（2）：14-16.

［68］孙卫卫，蒋荣. “人文奥运”对中国体育文化发展的导向［J］. 河北体育学院学报，2008，22（4）：1-3.

［69］孙婕，王听，伊文海，等. 论中国传统体育文化对现代奥林匹克文化的补充：从道德思想和价值观方面解读［J］. 体育科技文献通报，2009，17（8）：120-122.

［70］舒慧文，易小坚. 也谈中国传统体育文化与奥林匹克文化［J］. 内江科技，2007，28（7）：47.

［71］王卫荣. 试论中国传统体育文化与奥林匹克文化的融合［J］. 湖北体育科技，2007，26（2）：216-217.

［72］邓德林，孙涛. 奥运文化内涵与中西传统文化的新审论. 内江科技［J］. 2010（5）：10-11.

［73］杜俊娟. 中国传统体育文化观与奥林匹克文化观比较研究［J］. 首都体育学院学报，2009，21（1）：126-128.

［74］巩庆伟. 奥运文化与中国体育文化的价值差异与哲学思辨［J］. 科技信息，2009（32）：280-281.

［75］刘春燕，任建慧，王淑英. 论奥林匹克文化在中国的传播［J］. 保定师范专科学校学报，2005（4）：21-22.

［76］吉国秀. 文化全球化：表述、想象与反思［J］. 辽宁大学学报（哲学社会科学版），2006，34（4）：16-19.

［77］单世联. 全球化时代的文化多样性［J］. 天津社会科学，2005（2）：24-31.

［78］万俊人. 全球化与文化多元论［J］. 读书，2000（12）：97-105.

［79］蔡卫清. 从里约奥运会看当下“互联网+体育”的文化表征［J］. 安徽工业大学学报（社会科学版），2016，33（5）：113-116.

［80］赵亮，刘晓丽，李大新. “人文奥运”背景下的当代高校思想道德教育［J］. 安徽体育科技，2007，28（4）：3-5.

［81］任海. 奥林匹克运动面临的挑战［J］. 百科知识，1996（7）：45-46.

［82］KOEPKE D. The organizition of the Olympic program：pularity and glgantism［J］. Leistungs sport，2001（5）：4.

附　录

附录 A　全球化语境下中国传统体育文化与奥林匹克文化的理论释疑

摘要：本文运用文献资料、比较分析、专家访谈等研究方法，对中国传统体育文化与奥林匹克文化从 1995—2014 年共 20 年来的文献资料进行归纳、统计分析。主要研究内容包括：通过文章发表数量与年代的分析，探讨学者们关注的热点与研究的深度；归纳总结并解读二者的概念与内涵，并从文化学与社会学的视角辨析二者之间的关系；通过双向审视、双向批判以及双向参与来达到二者之间的双向互动，解决二者所面临的困境，唤醒中国传统体育文化的文化自觉，从而促进中国传统体育文化和奥林匹克文化的可持续发展。

关键词：中国传统体育文化；奥林匹克文化；理论研究；释疑

自 21 世纪以来，如何在全球化语境中保持“多元共存”，把文明冲突限制在一定程度之内，是经济全球化带给我们的又一重大的理论和实践挑战。随着“百年奥运回家”带来的“希腊文化的冲击波”，北京奥运席卷世界的“中国风暴”，伦敦奥运向世界讲述的“英伦文化”，2016 年的里约又会以怎样热情洋溢的桑巴文化与世界相约呢？无可厚非的是奥林匹克文化以其“公平竞争、友谊和平”的价值观受到世界各个国家和民族的支持，已经成为当今世界体育文化的主体。但随着经济全球化的发展，中国和中国传统体育文化也主动登上了奥运“舞台”，成为推动奥运文化向全球传播的一支重要力量。中国传统体育文化的现代化进程与经济全球化进程是叠加的，这使民族复兴的引领者不仅仅需要着眼于技术、器物层面的腾飞，而且必须着眼于文化、价值乃至文明的发展。于是在“古—今—中—西”的“十字路口”上，我们看到的是民族化与经济全球化的变奏，我们关注的中国传统体育文化不再仅仅是“中国的古代体育文化”，也不仅仅是“古代体育文化在中国”，而是要思考中国传统体育文化在这个“十字路口”上应该呈现出何种面貌，扮演何种角色，要走向一条怎样的创造性的文化自觉之路。

1 研究对象与方法

1.1 研究对象

当前信息化数据库的完善，使得在纷繁复杂的史料当中，查询特定的内容已经成为可能。本研究以与“中国传统体育文化”和“奥林匹克文化”相关的书籍、期刊、报纸等文献资料为研究对象，通过检索特定的词汇，归纳统计、深入分析大量的文献资料，以期解读二者的概念与内涵，梳理两种文化的演化和变迁，以及辨析二者之间的相互关系。

1.2 研究方法

1.2.1 文献资料法

搜集与中国传统体育文化及奥林匹克文化相关的文献资料，主要有四种方式：一是从书店购买或从图书馆借阅与中国传统体育文化、中国体育文化、奥林匹克文化、奥运文化相关的著作；二是从中国知网、万方网、维普网等学术网站获取相关的期刊文献资料，本研究搜集了1995—2014年共20年以来的758篇期刊文献；三是从国际奥委会官方网站、中国奥委会官方网站、国家体育总局网站、华奥星空网等中外官方网站获取资料；四是从《环球时报》《中国体育报》《光明日报》等官方报纸获取国内外的相关信息。

1.2.2 比较分析法

本研究以文化学与社会学的理论为基础，结合历史资料与我国文化学者、专家的见解，通过对中国传统体育文化与奥林匹克文化的概念及内涵的解读，比较二者的差异性，辨析二者之间的关系，以求对这两种具有代表性的中西文化获得清晰的全面认识。比较分析法的运用，有助于反思经济全球化背景下出现的文化冲突现象，对中国传统体育文化的文化自觉以及传承与发展都是有所帮助的。

1.2.3 专家访谈法

根据研究的需要，笔者先后以面谈交流和电话访谈的方式对相关专家、教授进行了访谈，包括毛振明教授（北京师范大学）、黄汉升教授（福建师范大学）、刘西玉教授（北京体育大学）、郑丽冰教授（武汉体育学院）、黄宽柔教授（华南师范大学）、许瑞勋教授（河南师范大学）、刘献国教授（河南师范大学）等，就如何审视中国传统体育文化和奥林匹克文化的关系，以及中国传统体育文化的传承与发展等问题，听取了专家、教授的意见，以启发思维、认证观点、丰富知识并检验研究成果。

2 研究结果与分析

2.1 中国传统体育文化与奥林匹克文化理论研究的数量分析

在研究中笔者发现，以“中国传统体育文化”“奥林匹克文化”为主题的文章与“奥运文化”“中国体育文化”的理论研究文章多有交叉、相互借鉴，所以笔者为了使本研究更加全面、深入与透彻，以中国知网数据库为主，搜集了自1995—2014年共20年以来的所有期刊论文、硕士和博士论文、会议报告、报纸文章等文献资料，以“中国传统体育文化”“中国体育文化”“奥林匹克文化”“奥运文化”为关键词，精确搜索并收集了 758 篇相关文献资料，并以 10 年为一个时间段，对数据库中含上述 4 个相关词条的文章的数量进行了统计与分析。

从表 1 和表 2 的比较中我们可以看出，学者对“中国传统体育文化”“奥林匹克文化”的理论研究在 2004 年有了一个数量上的拐点，在随后的 10 年间学者在期刊、会议以及报纸上发表的文章对二者的关注都有所增加，尤其是 2005—2010 年伴随着北京奥运会的举办，学者对奥林匹克文化及奥运文化的关注更加密切，发表了许多高质量的论文与研究成果。例如：中国传统文化与奥林匹克文化的冲突与融合（卢元镇，北京论坛，2006），论奥林匹克文化（熊斗寅，体育学刊，2005），奥林匹克运动与中国传统体育文化的现代化（陈彦、华君，北京体育大学学报，2007），等等。

表 1　1995—2004 年发表的含相关词条的文章数量统计表（单位：篇）

关键词	1995 年	1996 年	1997 年	1998 年	1999 年	2000 年	2001 年	2002 年	2003 年	2004 年
中国传统体育文化	0	1	2	0	1	5	2	0	2	7
中国体育文化	1	1	1	0	1	1	4	5	4	9
奥林匹克文化	0	0	2	2	1	3	2	0	10	18
奥运文化	0	0	0	0	0	0	3	3	2	8

表 2　2005—2014 年发表的含相关词条的文章数量统计表（单位：篇）

关键词	2005 年	2006 年	2007 年	2008 年	2009 年	2010 年	2011 年	2012 年	2013 年	2014 年
中国传统体育文化	7	13	14	11	13	15	9	7	10	8
中国体育文化	11	6	16	17	13	10	13	16	14	11
奥林匹克文化	13	43	44	53	26	18	10	14	14	14
奥运文化	7	16	54	152	23	14	7	8	5	0

从表 2 来看，学者们对“中国传统体育文化”与“中国体育文化”的理论研究，比较均衡、持续和稳定，只是在北京奥运前后有一个小高峰。二者相较而言，学者更加偏爱对“中国体育文化”的研究，这与我国社会发展的现代化进程是与时俱进的。另外，对“奥林匹克文化”的关注，自然而然地在 2008 年达到了顶峰，创下了最高值，为 53 篇，甚至在后奥运时期研究数量也是稳中见升，丝毫没有被忽视或减少。而与“奥运文化”相关的在 2008 年发表的 152 篇文献中有 107 篇属于报纸的报道，有 44 篇是期刊论文，规模宏大，但持续程度不佳，学者的关注度在后奥运时期急剧下降。

从表 3 中我们可以看出，最早关注“中国传统体育文化”的文章发表在 1991 年《山东体育科技》第 3 期的杂志上，学者王德锋对中国传统体育文化的界定、内涵及其发展过程，以及我国 20 世纪 80 年代的运动项目和竞争精神都进行了深入的描述与分析，使中国传统体育文化在研究中国文化的大潮中掀起了微微波澜。而有关“中国体育文化”的文章最早出现在 1989 年《体育与科学》第 2 期的杂志中，学者韩丹深刻地探讨了中国体育文化的结构与精华，并于同年分别在《福建体育科技》和《哈尔滨体育学院学报》也发表了相关文章，指出了中国体育文化当时所处的困境及今后的发展方向。由此可见学者韩丹对中国体育文化研究的热情和所倾注的心血。有关“奥林匹克文化”的文章最早出现在 1990 年《体育与科学》第 3 期杂志上，学者陈辽用比较分析的手法论述了中国传统体育文化与奥林匹克文化的差异性，并指出二者的特点与不足。有关“奥运文化”的文章最早是出现在 2001 年发表在《北京观察》和《当代电视》杂志上的文章，而真正有研究意义的文章是 2003 年 1 月学者陈伟等人发表在《武汉体育学院学报》上的《以中国体育文化促进奥运文化的发展》，作者通过对构筑体育文化实践模式的研究，为探索并实践中国特色的体育文化发展之路提供了具有借鉴意义的经验。综上所述，以上学者前辈在 20 世纪 80 年代末 90 年代初就已经开始关注“中国传统体育文化”和“奥林匹克文化”的理论研究，他们用博学的文化知识、严谨的研究态度为我们今后研究中国传统体育文化的传承及奥林匹克文化的发展奠定了坚实的理论基础，值得我们借鉴与参考。

表3　含相关词条、最早发表的文章统计表

关键词	文章题目	作者	所发表的期刊	出版年份
中国传统体育文化	中国传统体育文化浅论	王德锋	山东体育科技	1991
中国体育文化	论中国体育文化的结构与精华	韩丹	体育与科学	1989
奥林匹克文化	中国体育文化与奥林匹克文化（发言提纲）	陈辽	体育与科学	1990
奥运文化	以中国体育文化促进奥运文化的发展	陈伟、欧阳柳青、谭华等	武汉体育学院学报	2003

2.2　中国传统体育文化的内涵解读与奥林匹克文化的概念辨析

2.2.1　中国传统体育文化的内涵解读

许多学者经常把“中国传统体育文化”与“中国传统文化”“中国体育文化”“民族传统体育文化”混为一谈，因此我们有必要把它们之间的区别、联系进行细致的梳理，才能更好地诠释或解读“中国传统体育文化”更深层次的内涵。

首先，“中国传统文化”是几千年中华文明融合、汇集、积累而成的一种反映中华民族特质与风貌的民族文化，它是一个内容相当丰富且庞杂的文化系统。中国传统体育文化是中国传统文化的一个重要组成部分，它们之间是被包含与包含的关系。

其次，“中国体育文化”是中国传统体育文化发展到一定阶段应运而生的一种表现形式的代名词，中国传统体育文化的现代化就是中国体育文化。自清末，当我国开始大量引进西洋体育的时候，我国传统体育就开始向现代化发展，中国体育文化的现代化与中国社会的现代化与时俱进。因此“中国体育文化”就是中国传统体育文化的现代化，是中国传统体育文化发展中的一部分。

最后，“民族传统体育文化”是指一个民族沿袭下来的具有深远历史意义的体育文化特质和体育文化模式，是整个民族社会文化中最活跃、最积极，并且影响最直接、最广泛和最深远的部分。民族传统体育文化是构成世界体育文化多样性的重要组成部分，它不仅仅包括西方民族，还包括中华民族及其他非西方的世界各个民族的传统体育文化，因而它的内涵与外延远比中国传统体育文化更加丰富，意义也更为深远。

综上我们可以看出，学者们对中国传统体育文化所下的定义可谓各抒己见、百家争鸣。由此，笔者把其中比较有代表性的解释进行了归纳整理并逐一列举。从表 4 来看，笔者比较倾向于《对中国传统体

表 4　有关“中国传统体育文化”内涵解读的统计表

年份	文章名	出处	释义
2007 年	试论中国传统体育文化和奥林匹克文化的融合	湖北体育科技	中国传统体育文化是在“以农立国”的社会环境中孕育和发展起来的，带有明显的农业社会特征，宁静致远的个人修身养性在整个体育文化中占有较大比重，自身文化的优越感使其对其他体育文化表现出很强的排斥性
2006 年	对中国传统体育文化与奥林匹克文化整合方法的理性思考	山东体育科技	中国传统体育文化是指在近五千年漫长的历史发展过程中，中华民族在社会生活、体育活动中形成的在身体活动方式上、生活方式上，以及所创造的物质产品、精神产品上体现中华民族身体教育智慧和身体练习实践能力的总和
2006 年	中国传统体育文化、人文精神与奥林匹克运动	云南师范大学学报（哲学社会科学版）	从广义上来说，中国传统体育文化由文化载体、文化方式、文化制度和文化精神四个要素构成

续表

年份	文章名	出处	释义
2004年	全球化背景下中国传统体育文化的继承与发展	山东体育科技	中国传统体育文化是中国（主要指黄河流域地区）农业文化的产物。它以儒家、道家、佛教为哲学基础，以“仁”为核心思想，以保健性、表演性为基本模式，以崇尚人的内在气质、品格、精神修养为价值取向的一种文化形态
2000年	试论中国传统体育文化的内涵与特征	临沂师范学院学报	中国传统体育文化是中国传统文化的一个重要组成部分，它形成于几千年中华民族的农业劳作和生活实践，并伴随着多民族文化的相互交融和渗透而不断发展。它并不是中华民族某一个历史阶段体育文化的单一结晶，而是经历了漫长的历史发展过程，兼容了各个历史阶段的优秀体育文化成果

育文化与奥林匹克文化整合方法的理性思考》与《试论中国传统体育文化的内涵与特征》两篇文章对“中国传统体育文化”内涵的解读，两篇文章的作者都把对中国传统体育文化的解读置于一种历史发展过程中，而不是简单地认为它是某一个历史阶段或时间节点中的文化形态，这样从发展和辩证的视角来诠释中国传统体育文化的含义，才能触及它最深层的内涵。中国传统体育文化的内涵与外延并不是一成不变的，随着中国社会的现代化进程，中国传统体育文化的现代化也是一项复杂的系统工程。它的实现需要中国文化自身的更新能力，即由少到多、由浅入深、由低级到高级的不断积累与进步，同时还需要诸如奥林匹克文化等外来文化的不断补充、丰富、启发、刺激，在与外来文化的撞击、交流、融合中不断发展壮大。对“中国传统体育文化”的理解，要在传承自身优秀体育文化的基础上，涵盖体育的物质文化、精神文化和制度文化，它的内容体系包含人类在体育活动方面所创造出来的并围绕体育活动所产生的任何文化享受及社会效益。它不再是单纯的体育项目，而是以体育项目为载

体，形成的多元化的体育文化现象，而这种体育文化现象已经得到了广泛的社会认同。

2.2.2 奥林匹克文化的概念辨析

在谈到奥林匹克文化的概念之初，我们有必要把它与“奥运文化”的概念加以区分。我们在查阅大量文献资料后发现，许多学者都把“奥林匹克文化”与“奥运文化”混为一谈，甚至出现了认识上的偏颇与偏差。奥运文化虽然和奥林匹克文化在总源上是相同的，都是以体育为载体，以奥运会为媒介，以促进世界和平发展为宗旨，但是他们之间却不能简单地画上等号。“奥运文化”是以每四年一届的奥运会为前提，通过与奥运会主办国的民族传统文化进行交流、融合后所形成的时代性文化的总和。它是奥林匹克文化在不同时间、不同奥运会举办国所反映出的不同的文化表现形式，带有奥运会举办国的地方民族特色，又包含奥林匹克文化的一般价值、共性特征和永恒主题，它是具有时效性和民族性的。这与笔者的调查不谋而合，相互呼应，恰巧验证了我们在上述统计有关“奥运文化”的文章发表时间和数量时所得结果的正确性，即在奥运会期间其相关文章发表数量达到最大值，而后奥运时期却少有问津。

对“奥林匹克文化”在概念上的解释从未出现过争议，有的只是学者们在语言叙述上的不同，或是认识理解方向上的不同。如表 5 所示，一些学者对“奥林匹克文化”概念做出了的具有代表性的释义，我们对此做了归纳统计。从文化学和社会学的角度来看，笔者比较倾向于《奥林匹克文化概论》一书的解释，其实该书与学者熊斗寅的解读如出一辙，十分相似。“奥林匹克文化”不仅仅涵盖奥运会，还包括理念、理想、具体活动和在实践活动过程中所创造的物质、制度和精神财富。正如卢元镇教授所说，奥林匹克文化对各民族的文化都具有强大的感召、同化、融合、兼容和统摄能力，其虽形式外壳是竞技游戏，但思想内核是体现美与尊严的理念。奥林匹克运动是强者追求的文化。

表 5 有关“奥林匹克文化”概念辨析的统计表

年份	作者	书名或文章名	出处	释义
2008年	董进霞（译）	奥林匹克文化概论		奥林匹克文化是起源于奥林匹克运动的一切事物，不仅仅涵盖奥运会，还包括理念、理想、具体活动和围绕奥林匹克运动的现实情况。它是奥林匹克运动在实践过程中所创造的物质、制度和精神财富的总和
2007年	孙兵、于海娟	奥林匹克文化对中国体育未来发展的影响	体育文化导刊	奥林匹克文化是“以奥运会为核心的体育活动中所采用的充分体现奥林匹克精神的象征物和奖励制度，以及一系列弘扬奥林匹克精神的文化活动”。奥林匹克文化是世界体育文化的主流和核心，有广义和狭义之分
2005年	熊斗寅	论奥林匹克文化	体育学刊	奥林匹克文化是社会文化的组成部分，是在古代和现代奥林匹克运动实践中所创造的一切精神财富的总和
2004年	卢元镇	奥林匹克运动：强者追求的文化	体育文化导刊	奥林匹克文化作为一种世界文化，对各民族文化都具有强大的感召、同化、融合、兼容和统摄的能力。它对社会的和平进步产生积极的影响，其虽形式外壳是竞技游戏，但思想内核是体现美与尊严的理念。奥林匹克运动是强者追求的文化

2.3 中国传统体育文化与奥林匹克文化的关系释疑

在全球文化多元化发展的今天，如何用辩证的眼光去审视中国传统体育文化与奥林匹克文化发展的烦冗复杂的关系，是我们广大体育研究者应倍加关注的课题。笔者通过对大约 300 篇相关文献资料的阅读分析后发现，有 74 篇是探讨中国传统体育文化与奥林匹克文化关系的文章，约占总数的24.7%，学者们对二者关系的论述也是各抒己见、据理力争、百家争鸣。下面将相关文章在不同关系方面的发表数量以及关注度加以统计分析并列表呈现（表6）。

表6　中国传统体育文化与奥林匹克文化二者关系探讨的文章数量统计表

名称	冲突与融合	发展与影响	互动与互补	差异与比较	合计
数量/篇	32	24	8	10	74
百分比/%	43.3	32.4	10.8	13.5	100

2.3.1　从比较找差异、追根溯源是二者关系发展的本质需求

如表6所示，学者们普遍认同中国传统体育文化与奥林匹克文化之间存在差异，虽然对二者之间比较研究的文章相对较少，但从比较中找差异、追根溯源是二者关系发展的本质需求。有不少学者提出以下观点:“中国体育文化对克服奥林匹克文化局限性所带来的负面影响应该是一剂良药，对奥林匹克人文精神将产生深刻的影响”;“以哲学的观点演进两个体育文化的历史根基和发展，比较其价值差异和冲突，为我国体育文化的发展提供可借鉴之处”;“提炼中西文化精髓，分析中西传统文化的不足，分析奥林匹克文化危机，北京奥运会就是中西文化最适宜的交流平台”。综上所述，中国传统体育文化与奥林匹克文化在人与自然、人与人的关系认识上，在人生观、世界观、价值观的认知上都有着悬殊差别。从根本特点上讲，中国传统体育文化提倡“以和为贵、重视和谐”，而奥林匹克文化主张“公平竞争、重视斗争”。“竞争”是奥林匹克文化的灵魂，它的核心就是“争”。但体育并非一味的、单向的竞争，体育还注重团队精神，团队精神的核心就是团结合作，就是“和”，而“和”正是中国传统体育文化的核心所在，因此我们要用辩证的眼光来看待二者之间的差异，只有真正认识二者在本质与根源上的不同，我们才能更好地互相借鉴、吸收、促进与发展。

2.3.2　从冲突走向融合是二者关系发展的必经阶段

通过研究我们发现，学者们对中国传统体育文化与奥林匹克文化

关系的探讨更在于“求同”。许多学者认为：“中国体育文化经过几十年的变革，吸收西方体育文化的精华，积极汇入世界体育文化的潮流中，北京奥运会最好地实现了中国传统体育文化与奥林匹克文化的对话与交融”；“两种文化在道德养成、自强不息、和谐包容等方面具有共通之处，通过相互碰撞交流后，两种文化的互通互学使各自更完美，这有力地促进了二者的共赢和完善”。毛振明教授也曾在文章中指出：“当我们的中国传统体育文化遭遇奥林匹克文化碰撞之后，我们有四个任务：完成文化碰撞；经过文化碰撞，完成文化定位；文化保护；文化的弘扬和建设。”综上所述，学者们对中国传统体育文化与奥林匹克文化由冲突走向融合的关系论述，透彻深刻、认真严谨。在近 100 多年的近现代中外文化交流史上，中国与奥林匹克结下了不解之缘，两种文化在经过不断摩擦、撞击、竞争、交流的过程之后，开始相互理解，旨在消弭冲突、促进融合。

2.3.3 从相互影响到相互促进是二者关系发展的必然结果

从表 6 中我们不难看出，大部分学者对中国传统体育文化与奥林匹克文化之间相互影响、共促发展的关系还是比较关注与认同的。学者们普遍认为：“加强人文奥运理念对中国体育文化发展的影响，对正确理解东西方文化的互动具有积极的意义”；“分析奥林匹克运动的大众化特性以及奥林匹克文化对中国未来体育发展的影响后，认为中国未来体育发展的趋势是注重内涵建设以及走精英化与大众化相结合的发展道路”；“积极倡导以交流、融合、吸收为特征的国际化体育文化观念，并在此基础上探讨中国传统文化对奥林匹克文化现实价值方面可能产生的影响”。卢元镇老先生也在文章中指出：“审视各国体育文化的现实，只有中国体育文化可以站出来为保留世界体育文化的多样化做出尝试和努力。”综上所述，笔者非常赞同学者们对二者相互影响、共促发展关系的探讨。正如中国传统体育文化的发展需要借助奥林匹克文化，使其走向文化自觉，加快其现代化转型的进程一样，奥林匹克的国际化进程同样受到中国传统体育文化的诸多影响，中国传统体育文化始终是奥林匹克国际化过程中实现自我完善的取之不尽、用之不竭的资源宝库。

2.3.4 从互动互助到双向互动是二者关系发展的必然趋势

从表 6 可以看出，学者们对中国传统体育文化与奥林匹克文化在互动互助关系方面的研究相对较少，但还是有学者在此方面提出了比较独到与深层次的见解。有些学者认为："以和谐理念为内核的文化软实力的生成与整合是中国体育文化匡补奥林匹克理论体系缺陷的必由方略"；"中国传统体育文化是对奥林匹克文化的有益补充，旨在使中国传统体育文化与奥林文化更好地发展"；"中国传统体育文化所表现的公正、诚实、仁爱、友善等观念对当前奥林匹克运动中那些忽视人文精神，以及与奥林匹克人文精神相背离的现象，起着一定的洗涤和净化作用"；"和谐思想是两体育文化的共有属性，弘扬中国传统体育文化价值观是对奥林匹克文化的补充与奉献"。而有些学者则另辟蹊径："从文化的冲突与融合的角度，对 2008 年奥运会与中国传统体育文化现代化的双向互动问题做了初步的探讨。"综上所述，大部分学者都比较赞同中国传统体育文化可以成为奥林匹克文化的补充，或者可以弥补奥林匹克理论体系的缺陷并为其补位。但也有一些学者提出了质疑的声音，他们认为作为两种不同的历史背景下的东西方文化，绝不能简单地认为一方是另一方的补充，一方能为另一方弥补缺陷或解决困境与危机，这只是一厢情愿的表现，缺乏理论与实践的依据。笔者同意后者，且认同有些学者提出中国传统体育文化与奥林匹克文化之间的互动互助、双向互动的关系。两种文化通过双向互动、有效整合的方法可以缓解奥林匹克的异化现象和文化危机，还可以唤醒对中国传统体育文化的自觉，从而实现中国传统体育文化与奥林匹克运动的可持续发展。

3 结论

亨廷顿先生在《再论文明的冲突》一书中谈到："随着现代化的推进，回归自己固有的文化已经成为一种趋势，现代化可以加固现存的传统文化，使文化间的差异永远共存。”在奥林匹克运动向全球发展的背景下，中国传统体育文化与奥林匹克文化想要走出彼此所面临的困境，需要二者的双向互动。首先应是中国传统体育文化与奥林匹克文化的双向审视，还应是中国传统体育文化与奥林匹克文化的双向批判与双向参与。互动是一个动态的、没有终点的、生生不息且不断创造的过程，对于中国传统体育文化而言，我们只有适应时代需要，与奥林匹克运动的发展保持适度的张力和统一，才能不断走向未来，才能在后奥运时期实现中国传统体育文化与奥林匹克运动的可持续发展。

附录B 北京冬奥背景下学校体育对“冰雪之约”的践行与思考

摘要：“冰雪之约”是中国与奥运会的“第三次握手”，中国的青少年与体育工作者任重而道远。本研究运用文献资料、专家访谈、比较分析等研究方法，以新时代北京冬奥会为背景，从学校体育的视角出发，深入探讨学校体育围绕“冰雪之约”在思想、文化、教学以及改革等方面所付诸的实践行动，尤其是对青少年体育运动发展所产生的影响。本研究还借鉴、参考了2008年北京奥运会给学校体育带来的影响及改变，通过归纳与梳理，从时代契合、理念引领、政策推动、文化实践、奥运助力等五个方面详细阐述了北京冬奥会背景下“冰雪之约”对学校体育的触动、引领、促进与改变。

关键词：北京冬奥会；学校体育；冰雪之约；影响

自2015年7月北京2022年冬奥会申办成功至今已经五年了，习近平总书记曾提出：“2022年北京冬奥会将进一步激发民众对奥林匹克运动的热情，冬奥会将带动中国‘3亿人上冰雪’。”习近平总书记首次提出的中国与冬奥会的“冰雪之约”已然成为北京携张家口向世界许下的承诺。随着举办2022年北京冬奥会的临近，《冰雪运动发展规划（2016—2025年）》以及《“带动三亿人参与冰雪运动”实施纲要（2018—2022年）》等一系列政策及规划都在有条不紊、循序渐进地实施与推进。由于冰雪运动的特殊性，广大青少年理所当然成为冰雪运动的主力军，相应地，学校体育也理应成为共赴“冰雪之约”的主战场。从夏奥会到青奥会再到冬奥会，从初识到熟悉，从顺应到引领，这是北京对奥林匹克运动的贡献，更是中国对世界的贡献。2022年冬奥会的举办将使北京成为世界第一个双奥之城，这是中国与奥运的“第三次握手”，而中国的青少年与学校体育教育者又将扮演什么样的角色、承担什么样的重任，应如何纵情拥抱？

1 时代契合：学校体育与北京冬奥会、“冰雪之约”

党的十九大报告指出“中国特色社会主义进入了新时代”，基于这一科学论断，“加快推进体育强国建设”“筹办好北京冬奥会”给新时代背景下的体育赋予了新的定位、新的使命和新的功能。恰逢中国特色社会主义进入新时代，北京冬奥会、“冰雪之约”与中国学校体育，这三个高频出现的词语之间蕴含着千丝万缕的联系，对我们教育工作者尤其是体育人来说意味深长。回顾历史意义重大，从 1952 年新中国“初识”奥运到 2008 年中国首次举办奥运赛事的北京奥运会，再到 2014 年中国第二次举办奥运赛事的南京青奥会，这条奥运之路我们虽走得风雨兼程，但从未却步，反而信心倍增，因为我们有强大的国家和团结的人民。2017 年习近平总书记在观摩了青少年冰球和花样滑冰训练后，对小队员们说：“你们不仅有很好的学习环境，还有这么好的锻炼条件，既增强体质，也培养勇敢合作精神。希望你们珍惜机遇、继续努力。”青少年不仅是冰雪运动的参与主体，更是我国冰雪运动长远发展的生力军。“冰冻三尺非一日之寒”，冰雪运动的高水平竞技人才出自青少年，冰雪运动的推广与普及离不开青少年，且青少年是实现“中国梦”的新一代的新鲜血液，这些最积极、最活跃、最有生气的广大青少年，应传承肩担道义的光荣传统，其责任重大而又深远。根基的广度和深度决定了我国冰雪运动的未来，校园冰雪的高效发展则是大众冰雪的重要基础，也是提高我国冰雪竞技能力的关键。习近平总书记曾说：“体育不仅仅是体育，还能贡献更好的教育。”在新时代大数据、大教育观的社会背景下，培养全面、创新型的复合型人才，既满足新时代现代化建设的需求，又能应对国际人才竞争的挑战，因此学校体育教育工作者肩上的重任既重大而又意味深长。

2 理念引领：北京冬奥会“三大理念”对学校体育思想的渗透

2.1 “以运动员为中心”契合学校体育人本思想的教育理念

“以运动员为中心”作为北京2022年冬奥会的三大理念之一，是中国传统文化中“以人为本”思想的具体体现，也是中国传统思想中对人权、人道主义普遍性的肯定。《奥林匹克2022议程》提出要保护干净的运动员，“以运动员为中心”正是对保护干净的运动员这一主题的完美诠释，因为干净的运动员不仅是奥林匹克的形象大使，更是伦理模范和宝贵财富。“以人为本”的思想不仅与学校体育倡导的“健康第一，以人为本”的教育思想相契合，同时也是学校体育教育的哲学观，是学校体育教育价值观的核心，更是学校体育教育实施素质教育的必然要求。这就要求学校在教育上要形成“尊重知识、尊重人才”的氛围，将广大学生和教师的自觉性和积极性调动起来，培养师生的主人翁意识和主体精神，以校为家，爱校如家；要尊重学生的个性发展，并将其与个体的全面发展结合起来，使学生真正能够很好地适应与勇敢地面对复杂的社会环境，并能够游刃有余地进行创新。总之，培养社会所需要的人才是学校教育的中心和出发点，使学生成为富有主体精神和创造能力的人，是学校体育的目标和期望。

2.2 “可持续发展”顺应学校体育的素质教育观和现代学生观

“可持续发展”作为北京2022年冬奥会的三大理念之一，是我国坚定不移地走可持续发展道路在理念和实践上的又一次提升，是我国传统文化“天人合一”思想的体现，也是人与自然在奥林匹克运动中的和谐共舞。北京冬奥会的举办将会给北京和张家口在交通、环境、经济、教育等方面，带来一系列积极的改变与影响。“三亿人参与冰雪运动”的北京冬奥会目标，不仅可以使人民的体质得到改善，而且可以促进“人”的可持续发展。提到“人”的可持续发展，就不可避免地提到“教书育人”的阵地——学校，因为青少年学生既是奥林匹克运动的参与者，也是学校体育的受教育者。奥林匹克运动的介入，为我国学校体育改革的理念、内容与方法都将注入新的生机与活力。奥林匹克运动可以很好地释放青少年爱玩、渴望竞争的天性，使其能够在参与和玩的过程中潜移默化地懂得遵守规则、公平竞争的意义。全身心地投入体育运动中来，将帮助他们健康快乐地成长，陪伴他们从青少年更好地完成向成人的过渡，这不仅是学校体育的责任担当，还是奥林匹克运动的教育目的所在。“可持续发展”理念在强调健康教育、素质教育的同时，顺应了学校体育的素质教育观和现代学生观，更好地贯穿了健康文明、自然和谐的教育思想，使学生身心在文明健康的学校体育教育氛围中得到和谐发展。

2.3 “节俭办赛”引领学校体育的道德建设和德育培养

勤俭节约是中华民族的传统美德，“节俭办赛”作为北京2022年冬奥会的三大理念之一，是众多申奥的发展中国家所关心的重要问题。坚持科学、严谨、务实、节俭是我们“节俭办赛”的四大原则。北京2022年冬奥会的“节俭办赛”涉及两个方面：一是认真且真正做到节俭、节约：在预算15.1亿美元中，政府补贴只占6%，其他则来自企业、国际奥委会、赞助商等；充分利用京津冀经济一体化发展，减少额外的基础设施投入，有效降低预算；同时借鉴2008年奥运会的经验，采用以租代购的形式，能够有效降低仓储、资产储值的成本，使购买成本和仓储成本降低 30%。二是对奥运遗产的利用与继承：北京冬奥会承办比赛的12个场馆中有11个将利用2008年奥运会的场馆。“冬奥遗产”不仅惠及体育，而且将为经济发展、社会生活带来利好。“节俭办赛”的办奥理念，带给广大青少年学生的，不仅仅是形式上的参与，更是精神上的熏陶——用中华民族传统美德潜移默化地改变着个别青少年学生群体中出现的“盲目攀比、高消费、追星一族、奢侈风”等现象：冠军的精神、榜样的力量，将引领和加强学校体育的道德建设和德育培养。学校教育作为青少年教育的承担者，不能因片面地追求升学率或教育质量而忽视学生的思想品德教育。在奥林匹克运动给我们提供的奥林匹克精神和冠军榜样的力量这些正能量的引领和驱使下，用艰苦奋斗和勤俭节约等中华民族传统美德，对学生进行教育和引导，促使其正确的人生观、价值观和世界观的形成，从而使学校体育的道德建设和德育培养落到实处，形成良性循环的教育氛围。

3 政策推动："三亿人参加冰雪运动"促中国青少年冰雪运动发展

在申办北京冬奥会时，习近平总书记认为，冰雪运动在中国还不普及："冰雪运动不出山海关啊！如果能在关内推广，将能带动起两三亿人。"这就让举办冬奥会与发展全民健身之间建立了紧密关联。习近平总书记说："奥林匹克运动就是要推动群众性体育运动，增强人民体质。举办一届冬奥会，将起到点燃冰雪运动火炬的作用。""没有全民健康，就没有全面小康。"2014 年 10 月，国务院发布的《关于加快发展体育产业促进体育消费的若干意见》将全民健身上升为国家战略；2015 年 10 月，《中共中央关于制定国民经济和社会发展第十三个五年规划的建议》提出了"健康中国"战略；2016 年 10 月，中共中央、国务院印发了《"健康中国"2030 规划纲要》；随后《冰雪运动发展规划（2016—2025 年）》《全国冰雪场地设施建设规划（2016—2022 年）》《"带动三亿人参与冰雪运动"实施纲要（2018—2022 年）》这三个规划与纲要的制定与颁布将推进我国冰雪运动进入新的历程。尤其是《冰雪运动发展规划（2016—2025 年）》明确指出，冰雪运动的发展将以青少年为重点，并把培养青少年冰雪运动技能作为大力普及冰雪运动的主要任务。青少年不仅成为冰雪运动的主力军，还是冰雪运动重点推广的人群，国家政策导向也会向青少年群体倾斜，青少年冰雪运动发展将会拥有更多的政策红利。跟随政策导向，青少年将和冰雪进行零距离接触，在赏冰玩雪中锻炼身体、磨炼意志，体验学习和运动的乐趣；青少年热爱冰雪运动，冰雪运动才会像“滚雪球”效应一样，参加的人会越来越多，这将在冰雪世界撒播冰雪竞技体育的“希望之种”，才能有在国际赛场上争金夺银的较量能力。

4 文化实践：学校体育文化与奥林匹克文化的对接外延

4.1 冰雪运动文化促进学校体育文化新发展

冰雪运动文化在中国体育文化的摇篮之中犹如一株含苞待放的奇葩，随着北京冬奥会的成功申办和筹办，这株含苞待放的稀世之花将开始争奇斗艳。“三亿人参与冰雪运动”的目标不再是我们的梦想而将成为现实，学校体育教育理应成为实现这一目标主战场。其中，“百万青少年上冰雪”和“校园冰雪计划”的推行，就很好地响应了国家体育总局提出的冰雪运动进校园的活动计划，促进了青少年冰雪运动的普及与发展；记录与传播冰雪运动文化与奥林匹克文化的纪录片《冰雪之约》《冰雪记忆》等更是受到广大青少年的欢迎。冰雪运动在学校的推广，能给校园体育活动带来新的内容，给广大学生参加体育运动带来新的体验。各教育阶段的学校都应抓住这个难得的机遇，大力开展冰雪运动项目，有特色、有选择、有创新地构建符合新时代特点的校园冰雪体育文化，在促进校园冰雪运动开展的同时，使鲜明的冰雪运动文化形象独树一帜，进一步促进中国学校体育文化的新发展。

4.2 奥林匹克文化与学校体育文化共赴文明愿景

历史悠久的现代奥林匹克运动是人类精神文明的宝贵遗产，是对青少年进行身心教育的生动素材，也是青少年乐于接受的教育内容。奥林匹克文化的独特魅力就在于它具有深厚的文化力量，能不断地影响或改变人们的行为意识、心理情感以及伦理道德等许多方面，这些潜在的文化功能与学校体育文化是有异曲同工之处的。我们把北京 2022 年冬奥会的举办时间选在中国人最重视的春节之际，是中国在向世界展示中国文化与奥林匹克文化共融的美好前景和多彩体验，使越来越多的人尤其是青少年关注奥林匹克文化传播，关注中国文化，使他们更加热爱体育，积极参与体育运动，开创学校体育丰富多彩的新局面。中国学校体育教育可以借北京冬奥会的契机，以学校体育为平台，使学生真正认识到，“在体育运动中，人们参与的不仅仅是比赛，看的也不仅仅是热闹，还有懂得尊重人的规则、基本的生活伦理，思考如何度过自己的一生以及如何对待自己的同类，这就是优秀文化的实践力量”。“不同文化之间的相互尊重，相互吸收彼此的优秀成分，本身就是一种普遍价值”。总之，北京冬奥会将促进现代奥林匹克文化的多元化，奥林匹克运动也在融入中国文化的发展进程中，引导中国踏上体育强国的新征程。

5　奥运助力：“冰雪之约”助力中国学校体育的新发展

5.1　冰雪运动走进学校体育课堂

北京冬奥会的即将举办加速了冰雪运动进入学校体育课堂的进程，这不仅是中国冰雪运动发展的需要，也是学校体育发展的需要。传播冰雪运动文化、弘扬奥林匹克精神恰恰凸显了冰雪体育教育的重要性，也正是北京冬奥会这一契机，带来了宝贵的文化财富和教育资源，主要表现在以下三方面：学校方面，从场馆开放体验到学校联赛，再到高水平运动队建设；师资方面，从冰雪运动明星进校园到冰雪运动专家讲学；学生方面，从多媒体平台到社团组织，再到俱乐部筹建等等各方面，各个学校都在摩拳擦掌、备足马力，发展各自特色鲜明的冰雪运动项目，通过学生对冰雪运动的了解、参与和喜欢，让冰雪运动真正成为学生生活的一部分，从而加大冰雪运动项目的影响力。冰雪运动走进学校课堂，不仅使冬季运动人才培养体系更加完善，而且为冰雪运动培养、输送与储备人才提供了保障，进而冰雪运动在学校体育中的地位也有所提升。北京冬奥会的即将举办不仅带动了更多的人参与冰雪运动，还对学校冰雪体育教育的课程设置、课程结构以及教学内容与方法都将产生重大的积极影响。

5.2 弘扬奥林匹克精神，倡导青少年健康生活方式

北京冬奥会又一次带动了奥林匹克文化的传播，激发了弘扬奥林匹克精神的热潮，与其说“又一次”，不如说我们的生活早已与奥林匹克运动相伴而行，水乳交融。互相了解、友谊、团结和公平竞争的奥林匹克精神始终激励着我们青少年对生活保持积极向上的态度。随着社会与经济的快速发展，“沉迷网络”“过度肥胖”“追捧明星”“奢侈消费”等现象正诱惑与歪曲着青少年日常的生活方式，使他们迷失方向，弘扬奥林匹克精神正如泥沼中的一股清流，将引导他们走出迷途，走向空气清新的大自然。在学校认真、努力、勤奋地去学习，在生活中快乐、坚强、勇敢地走出去，积极锻炼，健康成长，才是我们青少年所应拥有的健康生活方式。这无形之中与《关于强化学校体育促进学生身心健康全面发展的意见（2016)》中“指导思想”所指出的“天天锻炼、健康成长、终身受益”的目标不谋而合，相得益彰。

5.3 丰富学校体育思政教育课堂，充分体现“以德树人”

2022 年北京冬奥会将为学校体育思政教育增添新的活力。冰雪运动课程的开设及奥林匹克文化教育计划的实施，都将丰富与扩充学校体育思政教育的内容与素材。目前，欧美一些国家已将奥林匹克内容融入青年学生的思政教育教材，这为我国高等学校体育教育的更新提供了新的参照与借鉴。鲁迅先生曾表示，运动会中优胜者固然可敬，但那些落后而仍非跑至终点不止的竞技者，和见了这样竞技者而肃然不笑的民众，仍是中国将来的脊梁。奥运冠军作为典范，其榜样的力量是无穷的，他们都将成为学校体育思政教育课堂的经典案例，引导广大青少年坚强勇敢地面对困难，年轻永不言败，从失败中汲取经验教训，不断失败不断成长，这种精神教育与学校体育教育目标不谋而合，与“以德树人”的立校之本相得益彰。新时代青少年必须具备良好的性格和坚韧不拔的心理素质，不断完善的学校体育教育能助力青

年学生更好地适应社会、乐观地面对生活、自信地走向世界。

5.4 推动我国学校体育的改革与创新

即将举办的北京冬奥会不仅带动全国人民共赴“冰雪之约”，更加快了我国学校体育改革与发展的步伐。《国务院办公厅关于强化学校体育促进学生身心健康全面发展的意见》把增强学生体质和促进学生身心健康全面发展提高到更重要的位置，“天天锻炼、健康成长、终身受益”对当前一些学校把体育课视为“应试课”是一种警醒，对把体育纳入高考招生的综合素质评价更是一种指引。因此，现代奥林匹克运动的介入不仅引领着学校体育教学内容、方法及手段的更新，同时为其提供丰富的实践平台和空间，奥林匹克文化也在这个过程中历经全球传播与多样发展的蜕变。中国学校体育一直走在改革与发展的最前沿，课程、教材及教学过程不断更新与完善，在现代奥林匹克运动发展的助力推动下不断寻求新的契机与突破。

6 结语

“天行健，君子以自强不息；地势坤，君子以厚德载物。”新时代是奋斗者的新时代，更是年轻一代的新时代，我们青少年体育将在新时代开启新的篇章。即将举办的北京冬奥会，不再仅仅是中国文化与世界文化深入交流的机会，而将成为“中国展示”的窗口，“绿色、开放、共享、廉洁”的“中国经验”，“精彩、非凡、卓越”的“中国贡献”，“倡导更好更健康生活方式”的“中国模式”，必将引起全世界人民的共鸣和认同。而中国学校体育正处在深化改革的风口浪尖，乘着北京冬奥会的东风，进入现代化建设的快车道，在科学、创新与可持续发展的道路上，真正担负起培养全面发展的高素质复合型人才的时代重任，为筑就中华民族伟大复兴“中国梦”打下最坚实基础。